...dr Schwobaseckel
oder
so geht's zua im Ländle

Gedichte und Betrachtungen
rund um den Saitenwurschtäquator/Band III

von Wilfried Albeck

mit freindlicher Unterschtützung
der Familie...

Imbressum - oder was mr wissa sott...

Alle Texte: Wilfried Albeck

Illuschtraziona: Richard Ruckaberle

Geschtaltung: Sonja Albeck

Druck: Druckerei Scholz, Flein

Erschiena im: Verlag Albeck, Flein

Kirchgasse 14, 74223 Flein

Fax-Nr. 07131/572661

ISBN 3-9806999-2-7

Inhaltsverzeichnis

immer no in dr Mitte:

- Vom Neckar
- Überall, wo Neckar fließt...
- Wohl dem, der ihn besitzt...
- ...s'Schneckawunder
- 56 Unterhosa

ziemlich hinta:

- Wie mr's macht isch's vokehrt!
- Die Lösung...
- Der Zweck heiligt die Mittel
- 'Spar-tanisch'
- 'dr Tüpfel-Scheißer'
- Falsch voschtanda
- Die echte Gladiatora
- Bilder der Stille

hinta:

- Der große Drang
- Tausendrot
- Geborgaheit
- Mitta im Leba
- Das geheimnisvolle Innere der Wurscht
- Holzauktio
- Feuer frei
- ...so kloi

Der geübte 'Schwobaseckel'-Leser weiß bereits:
Wenn irgendwas in der Aufschtellung fehlt, no schteckt's ebba dazwischa, auf jeden Fall isch's drinna!

<u>Vorwort</u>

Füllhorn

Als Mundartautor steht man ab und zu vor einem großen Problem: Was ist eigentlich 'Schwäbisch'? Wo fängt 'Schwäbisch' an und wo hört es auf? Wo spricht (schwätzt) man hoch-, tief-, mittel- oder breitschwäbisch? Gibt es überhaupt <u>den</u> Schwaben?

Alle diese Fragen führen im Grunde zu nichts. Der Schwabe selbst lässt sich rein geografisch nicht auf den Punkt festlegen und dessen Dialekt noch viel weniger! Unser Schwaben ist so groß, dass darin die unterschiedlichsten Strömungen Raum finden. Die Bewohner der rauhen Alb finden ihren Platz genauso wie die Menschen in und um Stuttgart. Vom Ober- über's Unterland, vom schwäbisch-fränkischen Wald, von der oberen Donau bis hinunter zum Bodensee, alle sind in Schwaben zu Hause. Selbst diejenigen Gebiete, die ich hier vergessen habe, gehören dazu.

Und alle diese Menschen sprechen 'Schwäbisch' und jeder denkt von sich, sein 'Schwäbisch' wäre das Original. Genau diese Denkweise ist zutreffend! Es gibt kein 'Einheits-Schwäbisch'. Jeder Landstrich, jede Region, ja sogar jede Stadt und Gemeinde hat seinen eigenen, besonderen Dialekt. Man muss nur seinen Wohnort verlassen und ein paar Kilometer weiter mit den Menschen reden. Schon verändern sich Ausdrücke und Begriffe.

Spätestens jetzt stellt der aufmerksame Leser fest: Will man als Schwabe für alle Schwaben schreiben, begibt man sich in die Gefahr, unverstanden zu bleiben.

Dass dieses Unterfangen nicht immer leicht ist und der Leser den einen oder anderen Ausdruck oder Begriff nicht kennt, ist wohl nicht zu vermeiden. Schließlich lässt sich so ein weites Land nicht in so ein kleines Büchlein zwängen.

Trotz aller Schwierigkeiten hoffe ich, dass sich jeder irgendwo in den Texten erkennen kann und die Grundaussage meines Schaffens begreift.

Wo liegt das größte Glück,
der reichste Schatz?
Wo ruht Zufriedenheit
in allen Tagen?
Wo findet Seligkeit
den schönsten Platz?
Wo hilft die Freude
über alles Klagen?
Wo füllt sich Körper,
Seele und Verstand?

In dir -
mein teures Schwabenland!

S'isch wieder Frühjahr

Also i moin, die schönschte Jahreszeit, des isch doch s'Frühjahr. Alles treibt und blüht, alles duftet und d'Vögela pfeifed. Noch isch's koi so große Hitz, dass mr lieber in's Haus neiwöllt. Noi, alle zieht's naus ins Freie, in Garta, in Park, ins Grüne. Richtich ognehm isch's im Frühjahr. Mr schwitzt no net so, mr hat net glei dr schönschte Sonnabrand und s'hat no koi Schnoka. Mr ko wunderbar an ma laua Obend naushocka und sei Viertele schlotza, ohne dass oim glei d'Wefza in's Glas neihocket.

Wie schö isch's doch, wenn mr sich's erschte Mol in sein Liegestuhl neihaua ko und dr Natur oifach beim Wachsa zuaguggt. Mir persönlich geht's wenichschtens so, wenn mr au meischtens nie Zeit für so a bissle Faulenza hat.

Kaum liegt mr im Liegestuhl, kriagt mr scho fascht a schlecht's Gwissa, weil dr Rasa no net gmäht isch. Die z'rückgfrorene Rosaäschtla sott mr abschneida und von de voblühte Tulpa ghörat d'Käpsala abgschnitta. Kaum liegt mr still in seim Relaxsessel, isch vom Ausschpanna und Abschalta koi Spur. Dr Schwob hat jetzt Gelegaheit, drüber nachzudenka, was mr alles do sott. Die Physis fängt mit dr Psyche zu streita o. Die oi moint, mr däd die Liegestuhlentspannungsidylle ubedingt braucha, die onder moint, so ko's net weitergeha mit der Lumperei. Liegableiba oder Aufsteha, Faulenza oder ebbes Schaffa, Schnarcha oder Ukraut felga?

Hat mr sich sei Ruheplätzle so gwählt, dass jeder Nachber und jeder ondere Neidhammel zu oim neiglotza ko, siegt leider meischtens die Psyche. War mr

aber schlau und hat a Eckle, wo oin koiner sieht, no triumphiert die Physis und mr strackt in Sessel nei und lässt dr liebe Herrgott an guata Mo sei. Je nach Situation und Lage des Ruheplatzes ko dieser Schtreit zwischen Körper und Geischt mehr oder weniger lang daura. Hat mr a guat's Tröpfle dazua, dauert's länger, mäht dr Nachber nebadro dr Rasa, isch's glei vorbei.

Der Schwabe braucht aber seine Abschaltphasen und sein ausg'ruhta Kopf, um seine schaffiche Glieder zu regeneriera. Deshalb sei am Ende dieser wohlgemeinten Überlegung noch ein kleiner Rat gegeben: Zum Entspanna immer dr Liegestuhl so aufstella, dass koiner sieht, wer drinnahockt. Dann werdet viele Probleme, die so a Nixtuarei mit sich bringt, schon von vornherein strategisch beseitigt.

Faulenza muass sei, aber bitte mit Köpfle!

Vom täglicha Elend

Friedlich liegt mr, voller Ruhe,
schnarchelt leis so vor sich no.
Beschützt wie Schätze in dr Truhe,
eingemummelt schtrackt mr do.

Brav und glücklich schlummert man,
träumt die Träume des Gerechten,
doch das böse Schpiel beginnt,
erbarmungslos wird mr dich knechten.

Mit schrillem Klingla bricht dr Wecker
in deine schtille Welt herein.
Dr Tag beginnt mit Frühgemecker -
aufsteh isch so hundsgemein.

Setzt mr dr Linke vor dr Rechte?
Isch eigentlich doch ganz egal,
mr setzt auf jeden Fall dr Schlechte,
die Wahl des Fußes wird zur Qual.

Soll mr jetz scho s'Licht oschalta,
kriagt mr d'Äugla jetz scho auf
oder soll mr d'Zeit ohalta?
Bleibt mr im Nescht und nimmt in Kauf,
dass mr, weil mr mit Voschpätung
an seim Arbeitsplatz erscheint,
braucht für di a Schnarchvotretung,
weil wicht'ge Arbeit sonscht versäumt?

Also, d'Decke glupft und raus,
lass dr Mief aus dr Matratza.
Lass dr Sauerschtoff in d'Kischda,
aufsteh heißt's, net weiterratza!

Wo sind d'Schlappa, wo liagt s'Hemd,
wo isch bloß mei Unterhos?
Wo sind d'Socka, wo mei Brill?
Meine Nerva liegad bloß!

Nix will sich mehr finda lassa,
wo doch so guat aufgeräumt.
Alles fährt voschlampert rum,
weil mr zu intensiv geträumt.

Den Kerl im Schpiegel kenn i net,
i - i ko des gwiss net sei.
Dass Schlaf oin schö macht isch vologa
und voschtunga odadrei!

Morgend's aufschteh, welche Plage,
s'Nachthemd flattert wie im Schturm,
doch s'hilft dr koiner, drum ertrage:
Der frühe Vogel frisst den Wurm!

'Morgaschtund hätt Gold im Mund',
an dümmra Schpruch, den kenn i net.
Heut morga isch mir's grad egal,
„leck mi am Arsch - i bleib im Bett!"

dr Luggeleskäs

Oifach guat und gsund, drzua
preiswert, schmackhaft obadrei.
Des schmeckt scho am kloinschta Bua
und am Babba - heidanei!

Weiß und frisch aus beschter Milch
schmeckt uns solches jederzeit.
Zum Manne wird ein jeder Knilch -
auf lang zua, es ischt soweit!

Net bloß Quark sagt mr in Schwaba,
'Luggeleskäs' so heißt mr's hier,
denn mir vofeinerat die Sache
mit echtem Feinschmeckergeschpür.

Erscht dr Schnittlauch bringt Geschmack,
Salz und Pfeffer obadrei,
ohne Umweg kommsch auf Zack
und darfsch im Paradiesle sei.

Luggeleskäs mit kloine Ebirn,
Luggeleskäs auf Vollkornbrot,
so wächst aus Einfachheit die Freude
und färbt alle Bäckle rot.

S'geht au ohne Wurscht und Schinka,
dieser 'Käse' ischt genial.
Hilft selbscht Kranke auf die Füße,
macht dich fit - auf jeden Fall!

Was früher armer Leute Essa
isch heute wieder heiß begehrt,

weil sich dr moderne Schwabe
eba urgesund ernährt.

Luggeleskäs, lass dich genießa,
jederzeit von alt und jung.
Schwobaquark, komm sei gepriesa,
bring uns alle neua Schwung!

Köpfe 1 - Die Täuschung

Wenn Starrsinn sich mit Einfalt paart,
dann wird dr Schädel boggelhart.
Mr gibt net nach und schwätzt an Scheiß,
macht's grad zum Bossa statt aus Fleiß,
wird blöder und verzwackter.
Mr wird zum Dickkopf statt zum Haupt
und moint, mr hätt Charakter.

Bloß a paar...

„Mach des Johr bloß net so viel!", hab i zu meiner Frau gsa, „letschtes Johr hasch doch wieder an Haufa in Mülloimer pfeffert!" „Zehn Schtück sind doch net z'viel!" hat sie sich na entrüschtet, „a paar wird mr doch noch macha dürfa, schließlich braucht mr ebbas in'd Neschtla nei!"

Ganz ehrlich, an Oschtern isch's doch jedes Johr s'Gleiche. Die Fraua moinet, sie müasset die gröschte Kochhäfa voller Eier abkocha. Und es beschteht ein innerer Zwang, dass mr von jeder Farb net weniger wie zehn Schtück haba muass.

Alle Kinder und Enkela werdet an Oschtern mit Neschtla grad so überhäuft, dass oim alloi scho vom Ogugga schlecht wird. Schokladhäsla, selberbackene Bisquitbibela, giftgrüagfärbte Holzwolle und die ganze Palette von bebbiche Oschterguatsla. Aber untadrin, dazwischa und obadrauf liagt s'Beschte: Jede Menge selbergfärbte Oschtereier, teils mit, teils ohne Häslesaufbebberla, aber alle mit mehr oder weniger viele Mäckla.

Die Kinder machet sich natürlich, falls sie die Neschtla vor am Hund findet, über die Schokladsächla her. Bis an d'Ohra num werdet die kloine Göschla voschmiert. "Esset net so viel, glei gibt's Mittagessa!" In der heißen Phase eines akuten Schleckanfalls könnt mr sich aber diesen Hinweis auf baldige Nahrungsaufnahme schpara. S'hört nämlich vor lauter Mampferei koiner drauf, weil Schoklad taub macht.

Doch net oi Kindle schnappt sich so a herrliches handvoedeltes Hühnerprodukt. Oschtereier sind out, megaout sogar! Nur isch diese Tatsache dene Müater und Omas, dene Patatanta und der ganza übriga weiblicha Vowandtschaft egal. Wen interessieret an Oschtern au Tatsacha? Wo mr doch alles so schö vorbereitet und hübsch dekoriert hat und Eier oifach zum Oschterfescht drzuagehöret.

Wobei mr sich scho Gedanka macha sott, wie des möglich isch, dass genau rechtzeitich zum Termin all die Eier überhaupt glegt sind. Wie auf Kommando müasset doch die Batteriehühner a schnellfeuergewehrmäßiche Massaproduktion aus am Hinterteil drücka. Wahrscheinlich kriagt des arme Federvieh a ordentliche Portio 'Oschtertröpfla' ins Futter nei, damit's besser flutscht.

Eierfärba hat Traditio und Traditio isch was Schönes. Aber was soll mr macha, wenn koiner mehr die furztrockene, hartkochte Traditionsböbbel will? Die Kinder, die mr so überreich mit dene bunte Choleschterinbömbla beschenkt hat, gebet großzügig und gern diese Fruchtbarkeitssymbole an ihre Eltern ab. Net, weil sie gern no a Gschwischterle hättet, noi, sie möget halt koi schtinknormale Eier mehr. Weil, wie scho gsa, Eier eba out sind!

So muass mr sich nach a paar hartkochte Däg überlega, wie mr die gefärbte Pracht am beschta vor am Voderba retta ko. Dr Gipfel der Genüsse isch dann aber jedes Johr so ugfähr 12-14 Däg nach Oschtern der legendäre Eiersalat. Wobei des Rezept für diese Köschtlichkeit überhaupt koi Geheimnis isch. Mr nimmt so ca. 10-15 noch gutaussehende öschterliche Überbleibsel, schält diese und prüft vorsichtshalber auf stechenda Geruch. Dann schneidet mr sie kloi und schmeißt die Breggala in a Schüssel nei. Jetz no a

FÜR OMA
SIMONE
TANTE
SONJA
BRITTA
ANJA
OTTO
ONKEL PAUL
HANS
PAPA
OPA
HELGA

bissle Salz, Pfeffer, Essig, Öl und a Löffele ghackte Zwiebel drüber und fertig isch eine Gourmet-Leckerei nach dem Motto: Bloß nix vorecka lassa! Nach diesem ultimativa Festmahl werdet aber uverzüglich alle noch im Kühlschrank vobliebene Salmonellabrutstätta in Mülloimer gschmissa und am beschta gleich ins Freie nausgschtellt.

Ogeblich hat mei Frau bloß zehn Eila abkocht, ugfähr 40 voschenkt und die reschtliche 30 im Kühlschrank glagert. I will jetz natürlich meiner bessra Hälfte nix Böses unterschtella, doch bei dieser rasanta Vermehrungsrate komm i scho a bissle ins Schleudern.

Vielleicht isch doch was dro an diesem landesweit verbreiteten Irrglauba - und die Eila legt net dr Has, sondern gar dr Karnickel.

Was mi allaweil wundert:

- dass meischtens die vom Schpara schwätzed, wo scho gnuag habet

- dass jeder über die viele Auto schimpft, aber selber bis vor d'Ladatüra fahra muass

- dass selbscht d'Pazifischta Granatschplitter essat

- dass a voschmierte Wand heut Graffiti heißt

- dass die Junge heut scho in dr Schual lernet, wie schädlich s'Raucha isch und onnaweg blotzed

- dass mr vom Nixdua au Hunger kriagt

- dass mr selber die gröscht Gosch hat, wenn's koiner hört

Spezialitäta für Reigschmeckte

- Simsakräbsler, der; kein besonders wagemutiger Turner, sondern ein stark säuerlicher Wein

- Riebela, die; feine, krümelige Teigbrösel zur Riebelessupp; Riebela entstehen aber auch beim Reiben zwischen ungewaschenen Zehen.

Die Spendaaffäre

R = rasende Reporterin, U = Knitzer, schwäbischer Unternehmer

R: O, guten Tag verehrte Hörerinnen und Hörer.Hier ist wieder Erna Zack von Radio Neckarland, ihrem Radiosender im Herzen von Baden-Württemberg. Wir befinden uns hier mitten auf der Shopping-Meile von Deinebach-City. Ich bin auf der Suche nach einem Geschäftsmann, einem Unternehmer, um ihn über die Spendenaffäre der letzten Monate zu befragen. Millionen Mark von Schwarzgeld wechselten in anonymen Koffern den Besitzer. Radio Neckarland fragt nach!

U: (läuft vorüber mit schwarzem Koffer und Handy)

R: Hallo, hallo, Erna Zack für Radio Neckarland. Sie sehen aus wie ein selbstständiger Unternehmer. Habe ich recht?

U: Ja, wieso?

R: Nun, ich möchte Unternehmern wie Ihnen einige Fragen über die vergangene Parteispendenaffäre stellen.

U: Wieso grad mir?

R: Nun ja, also, Sie sehen nicht so aus, als müssten Sie am Hungertuch nagen.

U: I hab erscht grad eba gveschpert.

R: Jetzt frag ich Sie einfach ganz direkt: Haben Sie persönlich von der Spendenaffäre provitiert?

U: *Des ko mr so saga.*

R: Das heißt also, Sie konnten sich persönliche Vorteile verschaffen?

U: *Des ko mr so seha.*

R: Und Sie scheuen sich nicht, dieses hier öffentlich zuzugeben?

U: *Noi, wieso au?*

R: Sie geben also zu, durch Ihr Zutun direkte Vorteile für sich selbst oder ihr Unternehmen erhalten zu haben?

U: *Genau richtich. Durch die ganze Spenderei bin i im Nachhinein richtich reich worda. I hab mi praktisch an dr üblicha Spendapraxis gsund gschtoßa!*

R: Meine Damen und Herren an den Radiogeräten. Es ist unglaublich! Hier vor mir steht ein schwäbischer Unternehmer, der unumwunden zugibt, durch anonyme Zuwendungen an politische Entscheidungsträger begünstigt worden zu sein. Ist das so richtig?

U: *Ja, schtimmt genau! Die Sache mit dene Schpenda hat mir dermaßa viele Aufträg bracht. Mei Fabrikle isch noch nie so guat glaufa!*

R: Liebe Hörerinnen und Hörer, ich bin fassungslos. Hier gibt jemand ohne mit der Wimper zu zucken zu, dass sein Betrieb durch Parteispenden in den Genuss von Aufträgen gekommen ist. Einfach unglaublich!

U: Aber des isch die reine Wahrheit. Vorher isch's lang net so guat glaufa.

R: Vielleicht sagen Sie uns auch noch, welche Summe Sie gespendet haben?

U: Net oi müde Mark.

R: Lassen Sie mich neu formulieren. Wie hoch war der Betrag, den Sie durch Mittelsmänner an die Mittelsmänner der Parteien weitergeleitet haben?

U: Net oin Pfennich habet die kriagt.

R: Aber - aber Sie sagten doch, auf Grund der Parteispenden liefe ihr Unternehmen auf Hochtouren.

U: Genau, bei uns brummt's.

R: Wie soll denn das gehen? Was sind Sie denn überhaupt für ein Unternehmer?

U: I bin Koffer-Fabrikant.

Das Maß aller Dinge

S'gibt ebbes, des unterscheidet auf dr ganza Welt die Büabla von de Mädla. Des isch ebbes so Uvowechselbares, sogar die Blinde dädads merka. Zu dem kloina Unterschied, zu dem Ding, wo d'Büabla mehr habet als wie d'Mädla, sagt mr bei uns 'Schnäpperle' oder wenn dr Bua scho größer isch au 'Schnäpper'.

Eigentlich däd mr's au an de Schtrampelhösla seha, welches Geschlecht so a klois Kindle hat. Die Mädla sind nämlich rosa und die Büabla hellblau ozoga. Die Farbe der Babykleider ischt ein festes Gesetz, bloß weiß heut koiner mehr, wer des früher oimol aufgschtellt hat. Rosarot oder hellblau, scho in dr Wiege wird dr Werdegang von so ma Bobbele gnadalos vorbeschtimmt.

Rosarot - fein, zart, anziehend, weiblich
Hellblau - kühl, klar, distanzierend, männlich

Kaum isch's Kindle auf dr Welt, scho schteckt's drin in dr Schublad und kommt nimme raus. Alloi dr Umschtand, mit oder ohne Schnäpperle gebora zu sei, schtellt die Weicha für's Leba. S'hängt buchstäblich alles am Zipfele.

Aber net, dass jetz oiner moint, als Besitzer von so ma Schnäpperle wär mr automatisch was Bessers. Noi, absolut net. Mr braucht au Leut ohne - ohne däd's nämlich au net geha. Des hat mit Intelligenz oder Fähigkeit nix zum Dua, sondern isch von dr Natur ganz oifach so eigrichtet.

Früher vielleicht, scho lang her, da war der kloine Unterschied viel wichtiger wie heut. Noch bevor so a Kindle s'erschte Mol blärrt hat, isch scho nachguggt worda, ob des Babyle a Schnäpperle hat. Der 'Schtammhalter' war wichtig, den Schtamm zu erhalten, oberstes Gebot. Dieser brutalen Tatsache wurde alles unterschtellt. Jahrtausendelang war der Schnäpper das Maß aller Dinge.

Heut isch dr moderne Mensch zwar aufgeklärt und zum Teil sogar emanzipiert, aber no immer werdet die Mädla in rosarote Windla gwickelt. Dr Mensch isch eba nie ganz konsequent und die Gene sitzat tief. Praktisch wird scho mit am erschte Schlückle Muttermilch eigsaugt, wie mr dro isch. Do könnet so Emanza lautschtark nach dr Gleichberechtigung schreia, solang die aber ihr Kindla in rosarote oder hellblaue Wägela rumschiabet, ändert sich an dr Sache selber gar nix. Erscht wenn bei all dene Rituale koin Unterschied mehr zwischa Mädla und Büabla beschteht, erscht dann hat sich's vielleicht ausgschnäppert!

Dicke Freunde

Maulfaul, langsam, minderbemittelt - so oder ähnlich abwertend werden wir Schwaben oft beschrieben und dargestellt. Diese Unwissenden jedoch, die uns in solcher Weise durch den Kakao ziehen, haben von der Wirklichkeit nicht den blassesten Schimmer.
Wir Schwaben wollen nämlich nicht immer so, wie man von uns erwartet, weil wir eben eigen sind. Aber dann, wenn's draufankommt, genügen wenige Worte, um jegliche Ungewissheit klarzustellen.

Ort der Handlung: Ein Wirtschäftle in einer württembergischen Kleinstadt. Unser Karle sitzt als alleiniger Gast am Stammtisch, vespert (d.h. er nimmt die nachmittägliche Brotzeit in Form einer landestypischen Speise zu sich) eine Portion Presswurst und trinkt ein Viertele dazu. Die Tür geht auf und ein weiterer Gast betritt die Wirtschaft und blickt sich um.

Gast: „Guten Tag, hätten Sie etwas dagegen, wenn ich hier bei Ihnen am Tische Platz nehme?"

Karle: „Jo."

Gast: „In Gesellschaft fühle ich mich wohler, als wenn ich alleine an einem Tische sitzen müsste."

Karle: „Jo."

Gast: „Wissen Sie, ich bin neu hier in der Gegend und ich möchte doch die Leute besser kennenlernen."

Karle: „Jo."

Gast: „Was essen Sie denn da Gutes? So etwas habe ich noch nie gesehen. Ist das eine spezielle schwäbische Spezialität oder ein grober Hackbraten?"

Karle: „Jo."

Gast: „Hallo, Fräulein, würden Sie mir bitte auch so etwas bringen und vielleicht auch einen Wein dazu? (an den Karle gerichtet) Ist das ein hiesiger Rotwein den Sie hier im Glase haben?"

Karle: (blickt auf und mustert den Gast) „Jo."

Gast: „Nun ja, sehr gesprächig sind Sie ja gerade nicht."

Karle: „Jo."

Die Wirtin bringt das Bestellte, der Gast probiert vom Presssack und beißt etwas hoch.

Gast: „Nun ja, schon etwas ganz spezielles diese Wurst."

Karle: „Jo"

Gast: „Vielleicht einen guten Schluck Wein dazu? Prost!"

Karle: (regt sich nicht) „Jo."

Gast: „Es ist wohl nicht Ihre Art, sich mit Fremden zu unterhalten!"

Karle: „Jo."

Gast: „Ich weiß noch nicht einmal, ob Sie jetzt ein richtiger Schwabe sind oder nicht."

Karle: „Jo."

Plötzlich geht die Tür auf und eine dieser unermüdlichen und liebenswerten Damen der Heilsarmee kommt herein. „Eine freundliche Spende für die Armen und Haltlosen, eine gute Gabe für die Bedürftigen und Schwachen." Mit ihrer Opferbüchse geht sie zielstrebig auf den Stammtisch zu und wiederholt ihr Anliegen.

Mit weit ausholenden Bewegungen holt der Reingeschmeckte seine Geldbörse hervor und zieht großzügig einen 20-Mark-Schein heraus. Gönnerhaft steckt er diesen Geldschein dann in den Schlitz der Opferbüchse. Der gute Engel der Heilsarmee bedankt sich herzlich und hält nun ihre Büchse in Richtung unseres Karle. Dieser blickt kurz auf und spricht dann seinen ersten Satz des Tages:

Karle: „Mir g'höra z'samma!"

...auf in die Schlacht!

Dreck? Gibt's bei uns im Ländle Dreck? Also, vielleicht gibt's a bissle, aber auf jeden Fall net so viel wie woanderscht. Woanderscht muass viel dreckiger sei, ehrlich!

Die Behauptung isch au überhaupt net frech oder gar überheblich. Noi, ganz beschtimmt net, aber es ischt die reine Wahrheit, weil's eba so isch. Der Grund dafür, dass bei uns alles a bissle sauberer isch, der isch die schwäbische Kehrwoch, die nahezu zügellose Putzwut der unbelehrbaren, süddeutschen Reinigungs-Extremischten.

*

Die Kehrwoch - des gibt's im Prinzip au bei andere Völker. Doch grad bei uns im Ländle, da wird dieses vor- und unchristliche Reinheits-Gebot noch so gnadalos umgsetzt. Wo sonscht stehat so massahaft Besa und Kehrwisch, Kutterschaufel und Bürschta, Oimer und Ritzakratzer in de Gschäft wie bei uns. Scho am Eigang von jedem Haushaltswaragschäft oder Baumarkt schteht a ganze Armee von Besaschtiel, um dem schmutzigen Feind zu Leibe zu rücka.

So a schwäbische Kehrwoch hat ihre feschte Regla, net dass jeder grad drauflosputzt wie's ihm gfällt, net dass oine scho am hella Freitag ofängt! Samschtag isch Kampftag, do wird des Privileg der Kehrwoch ausgiebig zelebriert. Von dr Bühnatreppa bis in Suttroi, von dr Haustüre bis über dr Trottwar, von de Fenschtersimsa bis in Kandel. Was a richtige Schwäbin isch, die ischt erscht zfrieda, wenn nach intensivschter Kehrerei net mindeschtens an halba Kutteroimer mit Dreck voll isch.

Des geht sogar so weit, dass nach jedem Kehra und Fega zum Schluss no dr Besa putzt wird!

S'gröschte Kompliment, des an schwäbischer Ehemann zu seiner Kehrwöchnerin nach getaner Arbeit saga ko lautet: „Heut siehsch mol wieder richtich abgschafft aus!" Voll Schtolz über solch ehrliche Anerkennung stützt sich die Besakönigin auf ihr Putzgerät und betrachtet voll Zufriedaheit ihr Werk. Wie ein Feldherr nach gewonnener Schlacht. Erscht jetzt traut sich die Kehrwochagenerali nach links oder rechts zum Gugga. Siegessicher sucht sie die wohlwollenden, anerkennenden Blicke der samschtäglichen Mitschtreiterinnen aus den Nachbarhäusern. So schteht am hella Nachmittag ein Heer von Kehrsoldatinnen Besa bei Fuß auf am Trottwar und genießt den ruhmreichen Sieg über den gemeinsamen Feind.

Wehe aber dene Fraua, dene Weiber, dene Lumpamenscher, die sich solcher Art von Wochaendkampf oifach voweigered. Auf dr Schtell isch so oine untadurch, so a Schlampere. Übelschte Nachrede wird über so eine verbreitet. Sämtliche Wüaschtheita werdet so oinera brunzdumma Faulenzera hintarum an dr Kopf gschmissa. Grad vorecka sott so oine in ihr'm oigene Dreck. Meischt genügt dr kollektive Druck des Kehrwischgeschwaders, um eine solche Fahnaflüchtige wieder auf den rechten, weil sauberen Weg zu bringen.

Au wenn sich oimol in dr Woch so guat wie koin Dreck ogsammelt hat, putzt wird! D'Kehrwoch isch net bloß für dr Dreck do. Sie schtärkt vor allem das schwäbische Selbschtbewusstsei der fleißigen Hausfrau. Denn erscht, wenn mr was zum Kehra hat, hat mr au ebbes!

Kehrwoch

Nur wer Oimer und Besa schwinga ko, der isch au ebber!

Das blitzblanke eigene Territorium mit den Waffen der Frau zu durchschreiten weckt Hochgefühl und Befriedigung zugleich.

Kehrwoch, das ischt Schwaben in Reinkultur. Kehrwoch ischt nix zum Lacha, sondern tödlicher Ernscht!

D'Kehrwoch ghört uns!!

Köpfe 2 - Hartholz

Wie strengt man oft sein kleines Hirn
so an und sucht des Geistes Funken,
doch der sprüht nicht aus deiner Stirn,
weil er in Trägheit tief versunken.

Man könnte schon, doch will man nicht
sich um den Geistesblitz bemühen,
verliert den Faden und die Sicht
und lässt Gedanken unbedacht
gedankenlos vorüberziehen.

Es mangelt leider mehr und mehr
an kräftig geistigen Gewittern.
Aus einem Holzkopf hohl und leer
wird selten ein Gedanke splittern!

Diese Geschichte soll sich tatsächlich vor einigen Jahren in einer fränkischen Gemeinde zugetragen haben.

Neu bearbeitet und übersetzt könnte sie jedoch auch tief im Ländle passiert sein. Doch vorab zur Beruhigung: Der arme, leidgeplagte Mann hat die Strapazen gottlob überlebt.

dr Gottlob

Dr Gottlob isch ein alter Mo,
der nimme so viel schaffa ko.
Sein Buckel, der isch scho ganz krumm,
er werkelt halt no bissle rum.

Im Kopf, do isch er no hellwach,
bloß Ärm und Fiaß, die werdet schwach.
Sei Herz duad manchsmal arge Schtöß,
dr Gottlob, der isch nimme des.

Ja selbscht auf seinen alten Maga,
do ko er nimme viel votraga.
Doch welch ein Glück, wie isch des fei,
voträgt er noch sein oigna Wei.

Im tiefen Keller ruht ein Fass,
gefüllt mit köstlich, frischem Nass,
von dem er gern des abends trinkt
und selig in die Kissen sinkt.

Doch kommt es vor, dass in der Nacht
sein Ranza ihm Beschwerda macht.

Drum schtellt als Schlaftrunk sich dr Mo
dr Weikruag auf dr Nachttisch no.

So langt er nachts bloß nebanum
und holt sich gschwind sei Krüagle rum.
Er ziagt von seinem Wei an Schoppa,
kann hinterher so herrlich koppa.
Nach so ma Kopper schloft er sachte
wie a klois Kindle bis am achte.

Jetzt, ulängscht, mitta in dr Nacht,
do isch dr Gottlob aufgewacht
und wollt aus seinem Krüagle trinka,
um hinterher ins Nescht zu sinka.

Doch heidanei, der Wei war aus,
dr Krug war leer, was für ein Graus.
„Koin Wei isch hoba," brummt er rum.
„Was isch? Ach lass mi schlofa, kumm!"
„I sag, mein Kruag isch leer, zum Dunder,
jetz muass i in dr Keller nunder."

„Gang du," duat er sei Emma foppa.
„Gang selber na, i muass net koppa."
„Du kannsch doch für dein Mo was dua!"
„Sauf net so viel und geb a Ruah!"

Er knipst sei Nachttischlämple o
und bruddelt was er bruddeln ko.
Schtinknarret isch er - au koi Wunder,
sei Weib, die wär viel leichter nunder,
um ihm ein Krüagle Wei zu bringa,
doch so muass er sich selber zwinga.

Er schlupft in d'Schlappa, schteigt in Keller,
sei Kerzalicht war au scho heller.
Im Nachthemd schteht er vor seim Fass,
er fröschtelt arg und isch ganz blass.

Er bückt sich tief und dreht am Hahna,
ihm isch's, als däd er Unheil ahna.
Mit Schlofa wird's heut gar nix mehr,
des seckelblöde Fass isch leer.

„Ja Himmel - Schtuagart - Sapperment,
nimmt des heut überhaupt koi End?
Dr Kruag leer, s'Fass leer, s'Weib duad foppa
und i sott jesasmäßich koppa."

Dr Gottlob friert und kriagt nix s'drinka
und däd so gern ins Bett neisinka.
Doch nun erwacht der Kämpferstolz
(dr Gottlob isch aus hartem Holz).
Er schtellt sei Krüagle nebanum
und guckt sich nach seim Werkzeug um.

Er hat - sei Miene wird scho heller,
a zweites Fässle Wei im Keller.
„Des stech i o, des wär doch g'lacht,
wenn's sei muass au um Mitternacht."

Dr Hahna holt er aus dr Kischt,
er weiß au wo dr Hammer ischt.
Sogar an Oimer schtellt er drunter
und wird vor Schaffa richtich munter.

Jetz macht er sich dr Schpunta locker,
sein Hahna liegt scho auf am Hocker.

Er weiß, dass auf dr Schtell pressiert,
wenn's net glei klappt, no isch passiert!

Dr Schpunta raus, dr Hahna her,
wenn des so leicht und oifach wär.
Dr Wei schießt naus, jetz nei dr Hahna,
sei Nachthemd flattert wie a Fahna.
S'wird leider au a bissle nass,
jedoch dr Hahna steckt im Fass.

Jetzt schnauft dr Gottlob, guat isch ganga
und will sich gschwind sei Krüagle langa.
Will sich dabei zur Seita wenda,
doch hebt ihn was am Hemmed hinta.

Oh Schreck, er sieht, dass von seim Hemd
a Schtück im Schpundloch drinnaklemmt.
Was für ein Pech, ko mr scho saga.
Oh Gottlob, gibsch di no net gschlaga?

Er hockt sich auf dr Hocker na
und guggt sei eiklemmts Hemdle a.
„Soll i den Hahna nochmal setza,
zerreiß i jetz mei Hemd in Fetza?

Ach was, jetz drink i erscht an Schoppa,
dann ko i endlich wieder koppa."
Er nimmt sei Krüagle, füllt sich ei
und lässt an Riesaschoppa nei.

Von unta rauf löst sich ein Röhrer,
ein Zwerchfellmagawandzerschtörer.
Wer so im Alter koppa ko,
des isch fürwahr ein reicher Mo.

Dr Gottlob fühlt sich frei und leicht,
dass er fascht einem Engel gleicht.

Schnell trinkt er s'erschte Krüagle aus,
schlupft gschwind aus seinem Nachthemd raus.
S'Hemd hängt am Fass, er steht daneba,
kann selber s'Lacha net voheba.
Füllt glei sei Krüagle nochmal auf,
steigt schließlich d'Kellerschtiega nauf.

Ganz nacket isch er, bis auf d'Schlappa
und auf am Kopf sei Zipfelkappa.
So schlurft er in sei Schlofschtub nei,
prompt schalt sei Emma d'Lampa ei.

„Ja Gottlob", schreit sie jetzt hellwach,
„was machsch denn du heut Nacht für Sach?
I moin grad, dass du noch was willsch,
doch pass bloß auf, dass nix verkühlsch."

Dr Gottlob guckt sei Emma o,
schtellt s'Krüagle auf dr Nachttisch no,
hat sich sei Federbettle glupft
und isch ins Kuschelnescht geschlupft.

„Du brauchsch fei gar net erscht probiera,
i lass mi nimme heut verführa."
Er murmelt no: „Lass mir mei Ruah!"
no fallet au scho d'Äugla zua.

Die unbewusste Gemeinsamkeit der Zigarette und des Rauchers

Am Anfang bist du jung und schlank
und steckst noch voller Leben.
Genießt dasselbe - Zug um Zug
und willst dir alles geben.

Wie herrlich ist es, tief zu atmen,
es überwiegt der Hochgenuss.
Du fühlst dich freier, fühlst dich gut,
doch leise wächst schon der Verdruss.

So wirst du älter und es schwindet
die feine Eleganz.
Du schrumpfst, wirst müde, fahl und gelb
und ziehst zum letzten Tanz.

Die Nebel steigen dicht und trüb,
um dich herum engt sich die Sicht.
Die Schönheit schwebte längst dahin
und trübte Aug- und Sonnenlicht.

Bald liegst du in den letzten Zügen,
der Sensenmann holt kräftig aus -
der Qualm verzieht, die Glut erlischt
und pfff... man drückt euch einfach aus.

Die leere Schachtel lässt man dir
in deiner letzten Tasche.
Die letzte Schachtel ist für dich -
nun Friede eurer Asche.

Manchsmol hängt's oim grad zum Hals naus...

Vielleicht isch's euch selber au scho so ganga: Mr hockt am Tisch, s'Veschper schteht do und auf nix hatt mr Glischda. Dr Bierschinka glotzt oin o, d'Schtreichwurscht widerschteht oim und dr Emmataler bringt's au net. S'Schwarzbrot wird voweigert, net mal s'Bierle schmeckt oim.
Mr guggt rum und num, aber die Auswahl der Speisen wird au net größer. Was däd mr heut net alles gern essa, nach was däd oim heut net dr Sinn schteha. Nix zu macha, s'gibt ebba bloß Käs und Wurscht, wie immer.

Oh wie gern däd mr jetzt a guats Salätle essa oder ebbes Warms, vielleicht so was knuschprichs Überbackenes. Dr Nachteil von solche Sonderwünsch isch aber, dass mr do drfür in'd Küche schteha und ebbes schaffa muass. Aber wer will des scho - erscht recht obends, wenn mr müad isch. D'Gosch wär willig, aber dr Körper isch z'faul.

Doch welch glücklicher Eifall, heutzutag ko mr ja alles, was mr will, telefonisch bschtella und sich ins Haus liefern lassa, au s'Obendessa. Die Möglichkeita sind ubegrenzt, d'Welt schteht oim, kulinarisch gseha, weit offa. Net bloß Pizza, noi, von India über Japan, von China bis Mexiko, was de willsch kriagsch.
Die Lieferserviceleut sind auf Zack. Du muasch bloß die richtich Nummer saga und a bissle warta. Aber dann wirsch du dei gourmetmäßiche Überraschung erleba. Wenn du dei Aluminiumnäpfla aufreisch und die herrlich eipferchte Delikatessa oglotza muasch. Ganz so wie du dir des vorgschtellt hasch, isch's meischtens net.

A bissle lummalich, a bissle vokocht, a bissle mampfich. Dr Hunger und's schlechte Gwissa darüber, was des Zeugs koschtet hat, treibt's aber nunder. Es kann höchschtens sei, dass dir die Geschmacksvoschtärker und die ugewohnte Gewürze net guat bekommat, aber do helfat a paar Schnäpsla.

Während der Zeit, wo mr auf des fahrbare Menü gwartet hat, hätt mr au ohne weiteres selber was macha könna. Zum Beischpiel gröschte Maultäschla, a paar Bratwürschtla oder zwei bis drei backene Eier, sogar a frisches, buntes Salätle hätt's no glangt.

Leider isch mr manchsmol träge und schafft's grad no bis zum Telefon. Doch des hat au sei Guat's. Da entstehat nämlich Arbeitsplätz bei de Express-Gaschtronoma, bei de Warmhaltebox-Pilota, bei de Tankwart und sogar bei dr Müllabfuhr. Als Telefon-Gourmet sorgsch du so nebabei für a florierende Wirtschaft, au wenn du selber net in'd Wirtschaft hocksch. Aber mr wird satt und i geb ehrlich zua, dass mir dahoim au scho ans Telefon glangt habet.

Sowieso, bei de Kinder isch so a Esserei heiß begehrt. Irgendwie isch die Fascht-Fuud-Generation scho so an die Schächtela und Dösla gwöhnt, dass die bald gar nix onders mehr kennet.

Mr könnt als cleverer Schwabe eigentlich draufkomma und z. B. so ebbes wie an Spätzles-Express aufmacha. Sämtliche landestypische Gerichte oifach in Kartola, Becherla und Einwegschüssla neischtopfa, an Kanischter Soß drzua und ab auf'd Straß. Des könnt Zukunft haba, des wär sozusaga 'trendy' - solla mr wetta?

S’isch wieder Muttertag!

Als ob’s net ab und zua mal Gelegaheit gäba däd, dass mr seiner Frau a paar Blüamla mitbringa könnt. Wie groß wär die Freud, wenn mal so ebbes ganz Uerwartetes passiert. Aber noi, bloß an Muttertag gilt’s, do muass mr, ob mr will oder net. An diesem Traditionsereignis schteigt die weibliche Erwartungshaltung ins nahezu Ubeschreibliche. Jede pfupfert, wann endlich des Küssle und des Schträußle kommt. Doch wehe, mr zögert die Liebesbezeugung und Gratulation zu lange hinaus oder vogisst gar dieses, für eine harmonische Ehe so wichtige Datum. So schnell ko mr gar net denka, wie do dr Haussega ins Wanka kommt. Ein vogessener Muttertag schlägt die furchtbarschte Wunda. Do isch scho im Mai so viel Heu hunta, dass für’s ganze Jahr hebt.

I geb ja zua, dass i’s selber au scho schier vogessa hätt. Was umso schwerer wiegt, weil i ja alloi scho beruflich mit diesem Thema vorbelaschtet bin. Wo i mein, aus weiblicher Sicht uentschuldbares Vobrecha aber endlich gmerkt hab, wollt i mi ohne viel nachzudenka aus der bösa Situation rausschwätza. Leider war des die schlechteschte Möglichkeit, so eine Untat wieder guat zu macha. Denn wo i zu meiner Frau gsagt hab: „Schätzle, jetz schtell die doch net so o, du bisch ja schließlich net mei Mutter!” habet sich ihre Auga blitzschnell zu furchterregende Schlitz zammazoga, aus dene haufaweis giftige Pfeil auf mi abgschossa worda sind. Der Tag war glaufa und die folgende Woch glei mit!

Um’s numgugga hab i ihr dr schönschte Bluamaschtrauß bracht, aber sie hat des herrliche floristische

Meisterwerk durch ihre Sehschlitz net wahrnehma könna. I war leicht schockiert, aber mei Gehirn hat trotzdem weitergschafft. Scho am nächschta Morga hab i neba ihr Kaffeetässle a nettes Kärtle nogschtellt. Mit Herzla und Rösla und so Sacha drauf, doch au diese wohlgemeinte Aufmunterung hat meine Gattin nicht erreicht. Scho obends isch des teure Kärtle im Altpapier glega.

In solche hartnäckige Fäll isch guater Rat teuer und die übergroße Schachtel voller echter Konditor-Pralina war's au. Wie zufällig hat mei Ehehälfte die köschtliche Schleckerei obends unter ihrem Nachthemdle gfunda. Aber sie muass scho so müad gwäsa sei, dass sie nix mehr hat saga könna! Am nächschta Morga sind mir schiergar d'Glotzbebbel rausgfahra, wo meine Kinder ihr Veschperbox mit Pralina vollgschtopft habet. I hab mein Kaffee ohne Milch und Zucker nundergschluckt und hab gar nix gschwätzt. In mir sind ernschthafte Zweifel an der Gerechtigkeit der Welt aufgschtiega. „Was hab i bloß falschgmacht?" oder „was soll i jetz bloß macha?" oder „bin i an Saudackel?" I hab mi nimme auskennt. Sollte dieser 'Muttertag' eine solch tiefe Bedeutung im Seelaleba einer Frau haba? Isch dr Muttertagsschtrauß der Balsam der weiblichen Psyche? Isch die muttertägliche Ehrbezeugung das Schlafmittel der Hausdracha? Immer tiefgründigere Vermutungen hab i ogschtellt, ohne auf die Lösung dieses Problemfalles zu komma.

Also hab i gar nix mehr gmacht, oifach, weil i denkt hab, s'däd sich alles wieder von alloi richta. Mr vertraut auf das Gute im Menscha und auf die Selbschtheilungskräfte von mehrmaligem, freiwilligem Gschirrabtrockna.

Das Durchhaltevomöga der Fraua isch erschtaunlich und wenn's um an vosauta Muttertag geht, sind sie sogar unerbittlich.

Aber dann, wie aus heiterem Himmel, a paar Däg schpäter, isch mei Gattin ogschprunga komma, hat mi drückt und mir an dicka Kuss geba. Sie däd mich so arg möga und i sei gar koi so an schlechter Kerle. Welche wundersame Wandlung, alles war wieder in beschter Ordnung. Mr muass nur a bissle Geduld haba und die meischte Dinge im Leba reglet sich von ganz alloi! Dass sie in ihrer Bschteckschublad zwei Flugtickets für an Kurzurlaub auf Ibiza gfunda hat, hat mit dieser plötzlichen Umschtimmung sicher nix zum do!?

Spezialitäta für Reigschmeckte

- Ofaschlupfer, der; kein besonders wärmebedürftiger Zeitgenosse, sondern eine süße Speise aus Äpfeln, Brötchen und Milch, welche in einer irdenen Schüssel im Backofen zubereitet wird

- Röhrla, die; in der Tat kleine Rohre; junges Zwiebelgrün. Geschnitten z.B. für Röhrleskuchen

- Rosaböbbel, die; keine Knospen dieser edlen Blume; aufrecht wachsendes Kraut mit kleinen Sprossen → Sprossenkohl

dr Soßaschwob

Ob Knödel, Nudel oder Gmüas,
ob sauer, herzhaft oder süaß;
die Gaumafreuda werdet groß,
schwimmt alles tief in guter Soß.

Trockne Spätzla - oh welch Graus,
treibet oim dr Glischda aus.
Ohne Soß kannsch schier net schlugga,
muasch sie trocka nunderdrugga.
Doch mit schöner, echter Soß,
wird die Sache glei famos.

Tropfa muass des Schwaben Speise,
dass mr voll Genuss sie preise.
Mit dem Löffel wird geschafft,
Soße gibt dem Schwaben Kraft.

Ohne Soß wär's Leba fad,
troschtlos, öde, grau und leer,
aber mit, das könnt ihr glauba,
wird aus wenig so viel mehr.

Bis in unsre Schwobaseele
dringt die Soße tief hinein.
Mit der Soße Wunderkraft,
ko mr wunschlos glücklich sein.

Jeder Wirt schtellt im Lokal
extra Soße auf dr Tisch.
Schwimma muass dr ganze Teller,
sei es Schnitzel oder Fisch.

Koiner lobt die guate Knödel,
koiner lobt des Brataschtück,
jeder preist die guate Soße -
guate Soße isch ein Glück.

Der echte Schlemmer gießt sei Sößle
selbscht no über dr Salat,
bis der nunderhockt und dampft,
als wär's kochta Blattschpinat.

Genießer - wahre Soßafreunde
sind mit dem Löffel stets dabei,
schpritzed, schmatzed, sauget, schlürfet,
sorged rings für Sauerei.

A Scheiba Brot um aufzusauga
auch dr letschte kloine Rescht.
Koi Soßatröpfle zu vergeuda
isch fürwahr ein großes Fescht.

S'Tischtuach, d'Hosa, Stuhl und Hemd,
Soßaflecka überall.
So geht's zua im Schwobaländle,
Soß isch Pflicht - auf jeden Fall.

Es ist des Schwaben Wundertrank,
der aus geheimem Füllhorn quillt.
Uns'rem Schöpfer sei gedankt,
dass er uns den Schöpfer füllt.

Vorsicht mit Eiladunga

I bin vielleicht net dr Gscheiteschte, aber i weiß, wo dahoim s'Lexiko schteht und wenn i ebbes net weiß, no gugg i dort nei und bin auf dr Schtell schlauer.

So isch mr's au letschd ganga. Da hab i a Eiladung auf a Symposium kriagt und hab mi scho hälinga gfreut, dass i auf so ebbes wichtich's wie so a Symposium überhaupt eiglada werd. Nur sott mr halt net ganz uvorbereitet in so was neidappa und a Voanschtaltung, wo so wichtich heißt, muass doch au beschtimmt was B'sonders sei. Also hab i erscht nochguggt, was denn a Symposium überhaupt isch. Wo i des Wort aber dann im Lexikon gfunda hab, bin i a bissle ins Schleudern komma, denn unter 'Symposium' isch gschtanda: Aus dem Griechischen: Trinkgelage. A heimliche Sauferei also.

Den Menscha mangelt es nicht an Erfindungsgeischt, wenn's drum geht, einer z'heba und mr schlüpft gern in a Tarnmäntele nei, um dieses Ziel zu erreicha. Natürlich hab i auf die 'Symposium-Sauferei' zuagsagt, weil mi's scho interessiert hat, wie sich so a gladene Gsellschaft beim Saufa oschtellt.

A bissle vowundert war i aber scho, als in der groBa Halle, wo des Trinkgelage hätt stattfinda solla, net oi Flascha rumgschanda isch. Im Gegateil, do waret in Reih und Glied Stühl aufgschtellt, auf dr Bühne waret statt Zapfolaga Rednerpult und auf de Bischtrotischla im Foyer sind statt Gläser Kugelschreiber und Notizblöckla rumglega.

Alle Teilnehmer an dem Symposium waret, bis auf mi, schick ozoga. Lauter feine Stöffla und Krawättla, Blüsla und Koschtümla, Manschettaknöpf und Handtäschla. Natürlich hab i mi saumäßich g'ärgert, weil i ebba mei Kleidung mehr nach ma Trinkgelage ausg'richtet hab, anstatt nach ra Modaschau. Alle habet mi oglotzt und mir war des saumäßich peinlich. Notgedrunga hab i mir so an Kugelschreiber und a Blöckle g'schnappt und so do, als ob i ganz interessiert mitschreiba däd.

Was isch net alles vozapft worda. Von de internationale Beziehunga und von de Auswirkunga auf Europa im Allgemeina und auf's Ländle speziell. Von der Preisentwicklung über d'Aktiakurs, von de Zukunftsaussichta und de Rohölreserva, von der Bevölkerungsentwicklung bis zur Besiedelung des Weltraums. Schiergar isch mir dr Mund aufgschanda von so viele bewegende und hochinteressante, aber leider furztrockene Themen. Die hochgebildeten Wortjongleure hinter ihrem Rednerpult, die hab i am End sogar um des Gläsle Wasser beneidet, des dort neba ihre Unterlaga gschanda isch. Also a trockeneres Trinkgelage wie des hier, isch mir in meim ganza Leba no net unterkomma.

Glücklicherweis hat alles irgendwann a End, selbscht die Ewichkeit isch manchsmal kürzer als mr denkt. So nach 2 ½ Schtund Gequassel sind die schtudierte Obergscheidla unter überraschend starkem Beifall entlassa worda und des Symposium war beendet. I wollt scho in mein Kittel neischlupfa und hoimgeha, da sind auf oimal ringsrum d'Trennwänd aufgschoba worda und ganze Batteria von Sektflascha sind zum Vorschein komma. Also doch noch was zum Trinka. Oh wie habet sie ihre Sektgläser stilvoll zwischa de Finger balanciert und ab und zua g'nippt. S'isch au net laut worda, wie des bei ma Trinkgelage üblich isch und gsunga hat au koiner. Also i war total irritiert. Nur um mein gröschta Durscht zu Löscha hab i zwei, drei Gläsla trunka und bin naus und hoim.

Aus am Keller hab i mir an schöna Kabinett raufg'holt und voller Genuss zwei Viertele trunka. I hab des Symposium nundergschwenkt und nach am zweita Viertele hat sich dr Fruscht über diesen staubtrockena Wissensaustausch g'löst.

Wenn i wieder mal was net weiß und in's Lexikon glotza muass, no bin i's nächschte Mol net so leichtgläubig. Mr moint immer, die Gelehrte wäret früher so schlau gwä, doch i glaub, die alte Griecha habet au net alles gwisst.

Spezialitäta für Reigschmeckte

- Bratbiramoscht, der; hartes, alkoholisches Getränk, nicht für Ungeübte

- Gugelhupf, der; kein hüpfender Gugel; ein leckerer Napfkuchen, der leider nicht immer aus der Form hüpft

- Gaisburger Marsch, der; kein schwungvolles Musikstück, sondern kräftiger Eintopf mit Kartoffeln und Spätzle

- Spätzle, die; bedürfen keiner Erklärung, wer nicht weiß, was das ist, sollte das Buch weglegen

GELD-
ANLAGE
BÖRSE
DAX
NEMAX 50
NASDAQ
FONDS
DOW JONES
AKTIEN

Der Bulle isch los!

Alles isch in Veränderung - weltweit, sogar global. Au bei uns!

Hat mr früher Trollinger trunka, so trinkt mr heut Souvignon oder Chardonnay. Mr probiert schtändig Neues, oifach, weil des Agebot do isch. Die Sacha kommet zwar meischtens von weiter her, aber wie scho gsagt, heut isch alles global.

Jahrzehntelang isch mr Käfer gfahra. Heut fährt mr uausschprechliche Marka aus Fernoscht oder mr gönnt sich an Daimler. Alles isch möglich, Hauptsach mr kann's zahla! Wobei mr jetzt beim schpringenda Punkt wära. All die Sacha, die mr heut kaufa ko, koschtet ja Geld und ohne a bissle Diridari läuft gar nix (umsonscht isch bekanntlicherweise nur dr Tod und der koschtet s'Leba, aber lassa mr des jetzt).

Wenn mr so im Ländle rumguggt, no sieht mr, dass eigentlich scho Geld do isch. So schlecht geht's uns net. Auf dr erschte Blick erkennt mr koin groBa Mangel. Mr muass bloß richtich d'Auga aufmacha, no sieht mr's scho: Kindergärta sind besser baut wie d'Eigaheim, Gemeindehalla fascht auf'm neueschta Schtand der Technik, d'Feuerwehra so guat ausgrüschtet wie noch nie, Ortsdurchfahrta bis auf's Tüpfele rausputzt. Kurz-um, es herrscht a g'wisser Wohlschtand im Land. Des isch au guat so, prima sogar und mr darf deswega au dankbar sei. In dene viele Johre nach am Krieg habet's d'Leut und s'Ländle zu ebbes bracht. S'isch aufwärts ganga, bei de meischte wenichschtens.

Dr kloine Mo, also der, wo nix geerbt oder erheiratet oder der koi Bauplätz g'habt hat, hat's bei der ganza Entwicklung natürlich a bissle schwerer als die ondere. Der muass scho gugga, wo er bleibt und wie er's zu ebbes bringt. Dr Normalbürger hat jahrelang jeden Monat a paar Märkla auf's Schparbüachle g'legt und hat sich wie an Schneekönig auf seine Zinsa g'freut. Nur isch die Sache mit de Zinsa au nimme des. Seit geraumer Zeit kriagt mr kaummehr des, was oim d'Inflatio und dr Schtaat wieder wegfresset. Irgendwie tritt dr Normalschparer auf dr Schtell.

Dabei machet uns ondere scho längscht vor, wie's geht, wie mr sich a guates Polschter für sein geruhsama Lebensobend schaffa ko. Die lasset nämlich scho längscht den Bulla saua!
Aktia heißt heut des Zauberwort! Alles hält inne und wird mucksmäuslesschtill, wenn dieses magische Wort fällt. Alles dreht sich nur noch um Geldanlaga, Rendita, Beteiligunga, Fusiona. Kaum oi Werbesendung, wo net dieses magische Wort falla däd. Aktia, die Droge des moderna Menscha.

Irgendwie sind alle vorückt worda. S'geht nur noch um 'Dow Jones', 'Dax', 'Nikkei Index', 'Nasdaq' und no mehr so nervastimmulierende Fremdwörter. Mr hechtet sich nur noch von oiner Baisse in die nächschte Hausse, von oiner Della zum nächschta Höhaflug. Schtändig isch mr unter Oschpannung und jeder Index-Ausschlag vosetzt oim an Adrenalinschtoß. Jeder will heut mitmacha, ob er Ohnung hat oder net. Dabei sein ischt alles!

Des Börsaschpiel birgt natürlich auch gewisse Risika und scho viele sind rausgwürfelt worda. Doch solche Kloinichkeita werdet vodrängt. Mr hofft, dass nix passiert, schnallt dr Sattel drauf und probiert sich beim Bulla-Rodeo. Jeder will reich werda, ohne große Mühe und am liabschta ganz bequem von dahoim vom Sofa aus.

Irgendwie ich des ja alles ganz guat. D'Wirtschaft brummt, d'Unternehma kriaget Kapital und könnet inveschtiera, alles dreht sich und dr ganze Lada kommt in's Laufa. So gseha müasst sich die aktiamäßiche Hochkonjunktur für alle lohna.

A paar Froga darf mr sich aber zwischa dr Kursentwicklung und dr Gewinnmitnahme scho schtella. Irgendwann, wenn alle Leut ihr Aktiadepot habet, wenn jeder nur noch von de Schteigerunga leba will, no schafft irgendwann mal koi Mensch mehr ebbes. Dene ganze Aktia müasst doch am End an Wert gegaüberschteha von oim, wo noch ebbes schafft.

Da hab i halt so meine Befürchtunga, dass mit der ganza Gschichte so geht wie mit ma riesagroßa Luftballo. Dass die Sache immer größer und schöner wird - bis eines Tages an groBa Schlag duat. Doch so weit isch no lang net und jeder pumpt so guat er ko. So an Ballon isch rund und d'Welt au! Und die dreht sich au scho seit mir's denkt um die eigene Achse und isch bisher no net in's Weltall nausg'saut.

S'wird scho guat geh!

s'Schparbüchsle

Braucht dein Karra viel Benzin,
schluckt er wie net g'scheit,
bleibt im Beutel net viel drin,
bei so Preise heut.

Kraftstoff schpara, sachte fahra,
lautet die Devise.
Nur mit Köpfle steuert man
aus der Kraftstoffkrise.

Mr hört und liest zur Zeit so viel
vom Super-Schpargerät,
das bloß drei Liter Schprit no sauft
und trotzdem fortbewegt.

S'Dreiliter-Auto, des muass her,
weil ökologisch richtig.
Hat koi schlecht's Gwissa beim Vokehr
und nimmt die Umwelt wichtig.

'Heilich's Blechle' war einmal,
'Kunststoff' heißt des jetzt.
Vom Blechnapf wird mr, welche Qual,
in'd Plaschtichschüssel g'setzt.

Natürlich muass mr Abschtrich macha,
dr Straßakreuzer, der isch out.
A bissle kloiner sind die Kischtla,
die mr als Öko-Mobil baut.

In so ma Mini-Doppelsitzer,
in so ma Mikro-Spielzeugflitzer
schpürsch du ein Fahrgefühl,
da hocksch du hautnah auf dr Straß
als Spielball im Gewühl.

Parkplatz finda, koi Problem,
denn wunderbar bequem

schiabsch's jetzt in'd Hosatascha nei,
park'sch nebaher no koschtafrei -
isch des net angenehm?

Duasch du ein Fatzerle besitza,
so'n kloina runda Knubbel,
kannsch's au als Briefbeschwerer nütza,
den Zwerga-Asphalthubbel.

Mit einem Fahrer ganz alloi
füllsch du den Hopfer aus
und hängsch, wenn'd kannsch durch's Schiebedach
noch Huat und d'Ohra naus.

Isch er au kloi, dr Preis isch hoch,
da hört des Schpara auf,
doch wenn mr günschtich fahra will,
nimmt mr au des in Kauf.

Für's gleiche Geld kriagsch au an Großa
mit Platz für vier Persona.
Irgendwie, für irgendwen,
wird sich die Sach scho lohna.

Doch d'Autofirmen wollet leba
und du willsch net so sei.
Schaffsch nebaher no Arbeitsplätz
und bisch beim Schparn dabei.

S'Dreiliter-Auto, des muass her,
des muasch du dir ois kaufa.
Kraftstoff schparn isch Bürgerpflicht,
hasch kois, sottsch liaber laufa!

Echte Freude?

Mr sott z'frieda sei.
Mr sott sich au über die kloine Dinge im Leba freua.
Au kloine Sächla habet ihrn Reiz,
mr braucht bloß dr richtige Blick.

Aber i ko jetz mei Brilla drobalassa
oder runterdo. Wenn i des winzige
Schnitzel auf meim Teller ogugg, no
vogeht mir s'Lacha!

Spezialitäta für Reigschmeckte

- Bäradreck, der; ist kein Verdauungsprodukt seltener Waldbewohner, sondern ein festes, nicht so süßes Lakritz

- Blunsa, die; reine, kräftig gewürzte Blutwurst ohne Speckwürfel

- Erbela, die; Abkürzung für Erdbeerlein, also sehr kleine oder auch Walderdbeeren

- Breschtling, die; Gegenstück zu den 'Erbela'; Zuchtformen; in Größe und Geschmack von der Naturform abweichend

- Guatsle, das; Sammelbegriff für alles Leckere, Süße. Jedoch mit Ausnahme des weiblichen Geschlechts, hier → Schätzle, Spätzle, Mäusle o.ä.

Die neue Hos

Wir befinden uns in der Herrenabteilung eines großen Kaufhauses. Unser Karle steht vor der Umkleidekabine, seine Frau Lina hat schon eine Hand voll Hosen ausgesucht und hängt sie neben die Kabine.

Lina: „So Karle, do hab i dir a paar Hosa. Mach nore und fang's probiera o, aber lass laufa, mir habet sowieso koi Zeit meh!"

Karle: „Was heißt do, mir habet koi Zeit meh? Des bissle Zeit werdet mr scho no habe, mir habet au zwei Schtund Zeit ghabt für dei neu's Koschtümle!"

Lina: „Wieso? Des isch doch schnell ganga und außerdem isch a Koschtümle viel schwieriger zum Kaufa wie a neue Hos!"

Karle: „Mei Hosa sind überhaupt net schwierich, höchschtens dann, wenn du beim Kaufa mit dabei bisch!"

Lina: „Du dädsch ja alloi gar nix finda."

Karle: „I däd nix finda? Selber a halbe Schtund nach ma Pärle Schtrumpfhosa suacha und zu mir saga, i däd nix finda! Des isch die gröscht Frechheit, sogar uverschämt isch des!"

Lina: „Jetz geb endlich a Ruah und schlupf in a Hosa nei!"

Karle: (zieht seine alte Hose aus, reicht sie seiner Frau und die hängt sie zu den anderen auf die Stange) „Do hasch!"

Lina: (bekommt große Augen, denn sie sieht ein Riesenloch im Socken ihres Mannes)
„Um dr Himmelswilla, ha du Erzschlamper. Wie sausch denn du rum? S'gröschte Loch in de Schtrümpf und so gehsch du ins Eikaufa?"

Karle: „Du hasch doch ins Eikaufa wolla."

Lina: „Aber net mit Löcher in de Socka!!"

Karle: „Des isch doch dei Schuld, wenn i so rumlauf. Dädsch du mir net so löchrige Socka in'd Schublad neido, no däd i au net so rumlaufa!"

Lina: „Ja hasch du koi Glotzbebbel im Kopf? Du muasch doch seha, ob dei Schtrümpf hi sind!"

Karle: „Du hasch's doch au net gsäh! Sonscht hättsch mr's ja net in'd Schublad nei!"

Lina: „Jetz fang net o und schlupf in die Hos nei."

Karle: (schlüpft hinein) „Die passt net, die isch doch viel z'eng."

Lina: „Wieso isch die z'eng?"

Karle: „Weil se net passt!"

Lina: „Die muass aber passa, des isch doch dei Größ."

Karle: „Die Hos schpannt am Ranza!"

Lina: „Wahrscheinlich hasch zuagnomma, anderscht kann des gar net sei!"

Karle: „I hab net zuagnomma! Die Hos isch z'kloi!"

Lina: „Weil dr Ranza schpannt!"

Karle: „Geb halt a andere Hosa her!"

Lina: (tut wie ihr gesagt)

Karle: „Siehsch, die passt. I hab doch glei gsagt, i hab net zuagnomma!"

Lina: „Ha freile, die Hos isch dir ja viel z'groß! Do hängt dr ja dr Arsch nunder wie wenn'd neigschissa hättsch."

Karle: „I hab nirgends neigschissa!"

Lina: „Sieht aber so aus!"

Karle: „Wenn i neigschissa hätt, däd i's zerschta merka!"

Lina: (sagt nichts und gibt die nächste Hose)

Karle: (bruddelt) „Blöde Hosakauferei, mei Alte hätt's no zehnmol do."
(zieht die nächste Hose an und bruddelt weiter vor sich hin)

Lina: „Aha, jetz gugg, die Hosa sieht jetz aber net schlecht aus. Die passt eiwandfrei, do hängt nix im Schritt. Die nehma mir."

Karle: „Noi!"

Lina: „Wieso noi? Die Hosa passt doch!"

Karle: „Die gfällt mr aber net!"

Lina: „Do kommt's doch gar net drauf o. Hauptsach isch doch, sie passt."

Karle: „I will se aber net! I hab no nie a karierte Hosa wolla und i will au heut koine, au net, wenn se passt! (zieht die Hose wieder aus) Die kannsch glei wieder naushänga."

Lina: „Mir hätt se gfalla."

Karle: „Muass i mit rumdappa oder du?"

Lina: „Du weisch halt net, was modisch isch."

Karle: *„I will nix Modisch's! I will a Hosa, wo mir gfällt!"*

Lina: (nimmt die nächste Hose ruckartig von der Stange). „No probiersch halt die!"

Karle: *(schlüpft widerwillig hinein)*
„Aua, Dunderwetter, jetz hat mi ebbes gschtupft. Aua, scho wieder!"

Lina: „Was isch denn jetz scho wieder?"

Karle: *„Kannsch du net glotza, ob do was drinschteckt?"*

Lina: „In ra neua Hosa sind koi Schtecknädala!"

Karle: *„Aber mi schtupft ebbes!"*

Lina: „Du bisch halt empfindlich!"

Karle: *„I wollt dei Gschrei höra, wenn's di schtupfa däd! S'ganze Kaufhaus däd zammalaufa."*

Lina: (schreit) „I hab no nie gschria und erscht recht net im Kaufhaus!"

Karle: *„Bloß nix zuageba."*

Lina: „Was isch jetz mit der Hosa?"

Karle: *(zieht sie ganz vorsichtig wieder aus) „I will koi Hosa, wo schtupft! Wenn du mir koi Bessere bringa kannsch, gehn mir wieder hoim."*

Lina: (reicht wortlos die nächste Hose)

Karle: *(steigt hinein und betrachtet sich) „Die Hosa passt und schtupfa duad se a net."*

Lina: „Lass mol seha. Ja guat, die Hosa nehma mr!"

Karle: *(zieht die Hose aus, schaut dabei auf's Etikett) „Ha wie? 130 Mark für oi Hosa? Des ko doch net sei. Lina, ghört do no an Kittel drzua?"*

Lina: „Noi, do ghört koin Kittel drzua!"

Karle: *“Des isch doch aber viel zu teuer!"*

Lina: „Des isch net teuer! Wenn'd was Gscheit's willsch, muasch halt a paar Mark meh nolega!"

Karle: *„I will aber koi so a teure Hos!"*

Lina: „Qualität hat eba sein Preis."

Karle: *„Der isch mir z'hoch. So an haufa Geld für oi Hosa! Jetz gugg i selber, s'werd sich doch ebbes Günschtigers finda lassa."*

(er geht aus der Kabine und holt sich selbst eine Hose von der Kleiderstange. Während er die Nächste anzieht, bruddelt er)
„I schmeiß doch dene Kaufhauskonzern net so s'Geld in Racha!"

Lina: (resignierend) „Wenn'd moinsch!"

Karle: (ganz stolz) „So, was sagsch jetz? Oimol noglangt und scho die richtich Hos! Die passt wie ogossa! Bequem, leschär, koine Nädala, so muass a Hos sei. Die wird gnomma!"

Lina: „Die Hosa kannsch glei olassa!"

Karle: „Wieso soll i jetz die Hosa glei olassa, i muass doch erscht an'd Kasse!"

Lina: „Mit der Hos brauchsch net an'd Kasse!"

Karle: „Wieso?"

Lina: „Du Allmachtsdackel hasch dei eigene Hos ozoga!"

Evolution ‘1’

Dr Urknall liegt scho weit zurück,
net oiner hat’n g’hört.
Koi Menscha gab’s zu dieser Zeit,
die dieser Knall geschtört.

Milliarda Johr war gar nix los,
da köchelte die Suppe.
Koi Alga gab’s und au koi Viech,
es war noch alles schnuppe.

Doch dann ging’s los, es regt sich was -
die erschte kloine Zella!
Die schwappet hin und schwappet her
auf Urzeit-Meereswella.

Milliona Jährla gehn in’s Land,
die Zell hat gnuag vom Schwappa
und will als Urviech jetzt im Schlamm
vom Ozean rumdappa.

S’gibt immer mehr vom Kloitierzeug
und aus de dicke Fette
wird schpäter - tief im Untergrund
a Erdöllagerschtätte.

Die Tierla werdet immer größer,
im Meer da wuselt’s überall.
‘Auf’s Land’ heißt also die Devise
bei solcher Schwimmviech-Überzahl.

Die Kiema werdet jetzt zu Lunga,
dr Meckel kriagt a hohe Schtirn,

aus Flossa kommet krumme Fiaß
und drin im Dez, da wächst des Hirn.

Scho schlurcht er rum, dr erschte Lurch
und glotzt zum Baumfarn-Ungeheuer.
Er denkt: „Als Brikettle in a paar Johr
gibsch du beschtimmt a Super-Feuer."

Bald kommet d'Saurier, riesagroß
und dappet alles nunder.
Dappt so oiner ins Wasser nei
wird aus ma Fisch a Flunder.

Am Himmel pfeifet d'Vögel rum,
d'Tyrannosaurus brülla.
Die Langhalssaurier wollet sich
mit Grüazeug d'Mäga fülla.

So geht er halt, der Welten Lauf,
nix bleibt so wie es ischt.
Dr oine geht, dr nächschte kommt,
mr hat nur Gnadafrischt.

Die Säuger kriaget Oberhand
und d'Saurier gebet auf,
sie leget als Voschteinerung
sich ins 'Museum Hauff'.

Die Neuzeit naht mit schnellem Schritt,
es ließ sich net vohindern.
Dr 'Homo sapiens' erscheint
und will die Welt voändern.

Die Wissaschaft sagt schteif und fescht:
„Dr erschte Mensch, der schtieg

voll Bosheit aus dem Affanescht
und bald von Sieg zu Sieg."

Auf alle Erdteil waret bald
die Menscha rings voteilt,
und dort, wo's z'viele drvo gab,
da hat mr sich gekeilt.

Obwohl des gröschte Hirn von alle
hat er doch nix gelernt
und isch vom dumma Urzeitviech
nur einen Schritt entfernt.

Bloß weil mr aufrecht geha ka,
isch mr noch lang net gscheit.
Doch bis er gscheit isch, dieser Mensch,
do dauert's noch sei Zeit.

*

Was isch wohl in tausend Johr,
wird's noch Menscha geba?
Koiner kann dir auf die Frog
a rechte Antwort geba.

Koiner weiß, wie's werda soll,
was die Zukunft bringt.
Ob dr nächschte Urknall uns
auf oin Hopps voschlingt.

Deshalb sott mr zfrieda sei
unterm Himmelszelt,
s'dreht sich au weiter ohne uns -
so geht der Lauf der Welt.

Evolution '2'

Die Sache mit Adam und Eva, die weiß ja jeder. Vom Apfel und von dr Schlanga braucht mr nix vozähla, des isch bekannt.

Der Sündafall und die daraus folgende Vertreibung aus dem Paradies, des war scho arg damals. Des war net zum Lacha, wie die nackich rumgschtanda sind und nimme gwisst habet, wo sie no sollet. Doch irgendwie muass die Heulerei aber unserem Herrgott ans Gmüat ganga sei oder er hat des Geblärre oifach nimme ohöra könna. Es isch ja au schlimm, wenn so arme Menscha und Menscher koi richtige Hoimat mehr habet.

Also isch er in sich ganga, hat überlegt, was er jetzt do könnt und wie so a zweites Paradiesle ausseha sott. Er hat sein großa Topf gholt, hat'n auf's Feuer gschtellt und hat grührt und grührt. Immer, wenn ebbes Schönes aufköchelt isch, hat er's rausgnomma und auf'd Erda gschmissa.

Dunkle, dichte Wälder, saftige, grüane Aua, hohe, zerklüftete Felsa, frische Bächla und Flüssla, schtille Weiherla und See, Bergla und Täler. Des ganze neue Ländle hat ihm am End so guat gfalla, dass er am liabschta selber mittanei zoga wär. Er hat aber scho sein Himmel ghabt und so hat er halt den schöna Landschtrich doch wieder hergeba müassa. Aber er hat sich natürlich für sei frisch geschaffenes Landschaftsparadies ebbes ganz bsonders ausdenkt. Wenn ihm des scho so guat gelunga war, no sotta da drin au ganz bsondere Leut leba. Also hat er so a armes Evale und so an schlotternda Adam gnomma und dene an ganz oigena Hauch eiblosa. B'sonders viel Liebe und Geischt hat er dene beide mitgeba, hat sie an de Hoor gnomma und ganz sachte irgendwo neba dr Neckar blotza lassa. Do sind sie dann glega und habet a Weile ganz benomma um sich rumguckt. Wo dr Adamle die schöne Häng, des klare Wasser und die hohe Tanna gseha hat, sind ihm d'Mundwinkel nach hinta ganga. Voll entschlossa hat er zu seim Weible gsagt: „Do isch's schö, da bleibet mr und bauet a Häusle!"

Aus scharfkantige Schtoi hat er sich Werkzeug zammabäschtelt, hat Bäum gfällt und Balka rausghaua. D'Eva hat Büschela glesa, Schtroh gschnitta und Lehm gschpatelt. Beide habet so saumäßig gschafft und waret so fleißich, dass alle Tierla und Blüamla ringsumher nur no mit de Köpfla habet schüttla könna. So isch's erschte Häusle baut worda aus Holz und Lehm, Reisig und Schtroh, Wasser und Schweiß.

Doch scho damals war die Häuslesbauerei nie fertich. Immer wieder isch a neues Fächle obaut worda. Mal ois nebano, mal ois obadrauf. Immer größer und schöner isch's worda. So isch's erschte Fachwerkhäusle entschtanda. Vielleicht war's a bissle schief, aber s'hat Schturm und Rega ausghalta. Es isch sogar guat möglich, dass des Häusle heut noch schteht.

Dr Adam hat jetz außa gwerkelt, hat Beetla grichtet und eigsät. Er hat Hasa züchtet und Rebhühla gfanga. Sei Frau isch von ganz alloi auf's Putza komma und hat die Lehmböda gwienert bis sie fascht glänzt habet. Boide waret glücklich und zufrieda.

Auf de wilde Obschtbäum hat's Moschtäpfela gäba und im Neckar Fisch. Dr Dinkel isch gwachsa und in dr Wiesa sind zwischa de Grasbuschel d'Gelbarüaba gschteckt. Alles war prima und um's numgugga sind d'Kinderla auf'd Welt komma, ois nach am ondera, grad wie Orgelpfeifa.

Aus dem oina Häusle isch a ganzes Dörfle worda, aus dem oina Gärtle Baumschtückla und Äcker und aus dem herrlicha Land am Neckar s'Schwobaländle. An de warme Häng hat mr die erschte Reba neipflanzt und in die Täler Träublesbüsch und Breschtling. Jeder hat zum Essa und zum Trinka ghabt und alle waret dankbar.

Heut, viele viele Jahr nach dr Votreibung aus dem Paradies, nach so viele Voänderunga und Vowandlunga, könnet mir immer noch zfrieda sei. So schlecht habet mir's mit unserem Ländle net vowischt!

Was wär aus uns worda, wenn dr Herrgott damals net oi Aug zuadrückt hätt?

Evolution '2' nach Gottlieb, Carl und Ferdinand

Als Quäpple wird mr schnell zum Frosch
und macht so seine Spritzer -
o Zeichenstift, komm und helf nach
und mach aus mir an Flitzer.

...raus damit!

Wie eine Wache an der engsten Stelle
versperrst du uns den Weg zu reinem Glück.
Auf unser Bitten, Flehen, Drängen
weichst du nicht einen einz'gen Schritt zurück.

Wie ein Beschützer stehst du fest und sicher
und gibst nicht frei,
was dir einst anvertraut.
Du bist die Tür zum Schatzverliese
und du bist stark und fest gebaut.

Du opferst dich und gibst dich her,
dein Leben endet jäh im Schmerz.
Erbarmungslos zwingt man dich fort,
so grausam bohrt man dir durch's Herz.

Der Wächter tot, der Schatz befreit,
endlich, endlich ist es Zeit,
lasst uns den Reichtum heben.
Ein Sinn liegt in des Korken Tod -

er gibt dem Wein das Leben.

Diogenes und der Dank an die Sonne

Die Welt ist rund - besonders meine,
von Eichendauben rings bekränzt.
Die Welt, sie war einst voll vom Weine,
der dunkel purpur schimmernd glänzt.

Das leere Fass allein verblieb
und bot sich an, nun meine neue Welt zu sein.
Ich nahm sie gern, geführt vom Trieb,
den runden Fässern ewig nah zu sein.

Da lieg ich nun und spür den Duft,
der herrlich reifen, schweren Kalebs-Traube.
Der Wein liegt greifbar in der Luft -
mit jedem Atemzug stärkt sich mein Glaube.

Trunken gar vor lauter süßen Wogen,
da warm die starke Sonne scheint auf meine Welt,
ist Bacchus heimlich bei mir eingezogen,
so leise wie ein heller Strahl
durch's Spundloch zu mir fällt.

Das reine Licht scheint mir wie Lebenswahrheit,
ist mir so nah in meinem kleinen Fass.
Im goldnen Leuchten bin ich wie ein König,
der weder schwere Sorgen kennt noch schnöden Hass.

Im feinen Strahl der hohen Sonne
funkelt der alte Weinstein reiner noch wie Diamant
und bin ich selbst der kleinste Wicht - in meiner Tonne
füllt sich die Weisheit Zug um Zug
und führt mich in beseeltes Land.

So seid geprießen Wein und Fass und Zecher,
denn erst durch euch erhielt ich meine heile Welt.
Du Sonnenstrahl, du fülltest mir den Becher,
du Sonne bist es, die mir heut am höchsten zählt.

„in vino veritas"

Im Rausch kommt es vor,

dass selbst

die Götter

lügen.

Und doch

liegt im Wort

des Trunkenen

noch immer

ein Stück

Wahrheit.

Das gläserne Jahr

Ein guter Wein zur rechten Zeit,
lässt uns die Zeit erleben.
Im Vierteltakt wird alles leicht,
sogar die Stunden schweben.

Der Wein erlöst uns von der Hast
der fliehenden Sekunden
und schenkt uns Ruhe, Muße, Glück
in losgelösten Stunden.

Im Weine spiegelt sich das Jahr,
ein jeder Tag kehrt wieder.
Der Zaubertrank weckt alles auf,
den Geist, den Sinn, die Glieder.

Man schmeckt den launigen April
und ahnt des Maien Fülle.
Der Juni gibt den feinen Duft
in sanfter Abendstille.

Der Hitze, die der Juli bringt,
folgt feurig der August,
legt seine Stärke in den Stock
und weckt des Kenner's Lust.

September füllt Genuss ins Glas,
es reifen wahre Schätze.
Oktober folgt ihm eifrig nach
und endet ohne Hetze.

Mit dem Novembernebel steigen
wir in die besten Lagen

und dürfen, was so ausgereift,
voll Stolz zur Kelter tragen.

Im Rebensaft fließt kühler Tau
und schwüle Sommerhitze.
In ihm strömt reine Energie
der grellen Abendblitze.

Im klaren Wein pulsiert das Jahr,
Vergangenes lebt auf.
Man schmeckt den Schatten und das Licht -
den ganzen Jahreslauf.

Als edles Nass kehrt so zurück,
was mit der Zeit gereift.
Man fühlt sich wie ein König gar,
der nach Juwelen greift.

Den Reichtum der vergang'nen Zeit
gibt uns der Wein zurück.
Genießend saugen wir ihn ein,
den Jahrgang voller Glück.

Die Lebensgeister springen auf,
in jedem Sinn sprüht Leben.
Ja, so ein Wein ist ein Geschenk -
so soll's noch viele geben!

Heimliche Herrscherin

Runde, pralle, reife Beeren,
grünlich, golden, feiner Glanz.
Gern sollt ihr meine Ruhe stören,
euch gebührt der Ehrenkranz.

Frische Säure, feiner Duft;
mit allen Gaben überhäuft,
zeigst du uns welch ungeheure
Kraft in deinenTrauben reift.

Stets brauchst du die besten Lagen,
so nur bringst du Qualität
und die hat uns viel zu sagen,
wenn sie im Glase vor uns steht.

Nicht umsonst wirst du gepriesen
als Königin der weißen Reben.
Lass dich ganz bewusst genießen,
lass dich trinken, lasst uns leben.

Stehn die Zeichen auch auf ‘rot’,
macht uns dieser Trend nicht scheu,
als Genießer hält man fest
und bleibt seinem Weine treu.

Rieslingrebe lebe hoch,
komm ins Glas und zeige dich.
Regiere auf den schönsten Hügeln -
Königin, verlass uns nicht.

Vom Neckar

Von den heimatlichen Fließgewässern ist der Neckar auch über die Landesgrenzen hinaus das bekannteste. Nicht zuletzt auch deshalb, weil sich an seinen Ufern und Nebenflüssen die wohl bekanntesten Weinlagen befinden. Doch auch viele weitere Sonderkulturen reifen in seiner Nähe. Die ganze Palette an Gemüsen, vom Spargel bis zum Freilandpaprika, von der Frühkartoffel bis zur Melone.

Der Neckarraum, besonders der des mittleren und unteren Neckartals, war schon sehr früh ein bevorzugter Siedlungsraum. Vielfach begünstigt kamen hier eine Menge von Standortvorteilen zusammen. Fruchtbare Böden, milde Winter, leichte Transportwege. Der Fluss trug seinen Teil zur Lebensqualität der Menschen bei, richtete aber auch immer wieder mit Überschwemmungen großen Schaden an. Heute sind aber gerade die früheren Schwemmlandgebiete die fruchtbarsten Böden überhaupt.

Natürlich kann man nicht mehr nachverfolgen, wo die Wiege der ersten Schwaben stand, ob nun am milden Neckar oder auf der rauhen Alb. Doch ich denke, beide Elternteile müssen einmal das Rauschen des Flusses gehört haben. Der Schwabe vereinigt die rauhe Herzlichkeit der Hochalbbewohner und die zufriedene Knitzheit des Neckartalmenschen in sich.

Leider hat der Neckar durch die zunehmende Industrialisierung in den letzten 150 Jahren viel von seiner Ursprünglichkeit verloren. Über seine größte Länge wurde er kanalisiert und schiffbar gemacht, wurde er begradigt und mit Staustufen versehen. Nur ab und zu sieht man die alten Neckararme, die heute unter Landschaftsschutz stehen. An den alten Steilhängen erkennt man auch heute noch gut, wie mächtig der Fluss in vorgeschichtlicher Zeit einmal war, mit welcher Gewalt die Täler geformt und die Berge eingeschnitten wurden.

Neben vielen Merkmalen gehört auch der Neckar zur Natur des Schwaben. Er ist voller Kraft, doch meistens leise und reserviert, manchmal aber unberechenbar und eigenwillig. Schon allein deshalb nicht leicht zu durchdringen, dabei aber nie oberflächlich und stets rastlos. Er schäumt nicht über wie prickelnder Sekt, doch er ist auch nicht ungenießbar.

Welch großes Gefühl der Heimatverbundenheit drückt der Schwabe in seinen Werken über den Schicksalsfluss aus. Oft liegt ein Hauch von eigenwilliger Traurigkeit, dieser typisch schwäbischen Melancholie, im Klang der Worte und Melodien. Als wäre im Neckarwasser Freude und Seligkeit mit einem Schuss Trauer und Todessehnsucht gelöst.

Möglicherweise fließt in schwäbischen Adern neben Trollinger, Flädlessuppe und Sauerbratensoße auch immer ein Schluck Neckarwasser - s'däd mi net wundern!

Überall, wo Neckar fließt, isch's schö...

S'Leba schpielt oim manchsmol scho so Dinger. Do lebet d'Leut im Ländle doch gar net so schlecht vor sich no und auf oimol voliebt sich so a Schwobamädle in so ein Nordlicht, in so einen Küstenbewohner, in so an Fischkopf. Wobei dr Oifachheithalber älle Leut, die wo nördlich vom Neckar und Main wohnat, scho automatisch Fischköpf sind.

Dort droba im Norda isch alles ganz anders wie hier im Schwobaländle. Eigentlich müasst's ja do drunta heißa, weil dr Neckar ja dr Buckel nunderläuft und net nauf. Aber, wie scho g'sagt, s'isch halt alles ganz anders.

Do hat sich also so a Mädle in so an Kerle, saga mr mol aus Köln, voknallt. Des liegt von hier aus g'seha scho fascht am Meer und deshalb isch dort drunta au a ganz ondere Luft wie dahoim. Do muass mr sich erscht mol dro g'wöhna. Da schmeckt dr Wind nemme nach Schwarzwald, Besawirtschaft oder Wengert. So nah an dr Küschte riacht's nach Ebbe und Flut, Schwerinduschtrie und Fisch und mr muass sich saumäßich umschtella. S'wird oim manchsmol ebbes fehla.

Alloi scho die komische Nahrungsmittel, wo's do drunta gibt. Des dädat d'Leut hier garantiert voweigera. Schpätzla kriagt mr do drunta so guat wie net, dafür jede Menge Kartoffla. Und dann dieses wasserhelle Dünnbier, dieses 'Kölsch'. Wenn do so a trollingervowöhntes Göschle net ab und zua a Tröpfle heimatliches Gewächs unter d'Zunga kriagt - net ausz'denka!

Für an Schwob isch die Kölner Bucht ein kulinarisches Notstandsgebiet! Mr könnt grad moina, dass jetzt des absolute Elend ausbrocha sei. Fremde Luft, fremde Landschaft, fremde Leut! S'wär schiergar zum Vorecka, wenn do net ebbes wär, wo die ganze Sache a bissle erträglicher macha däd. I müasst's eigentlich net extra saga, weil's jeder ja selber wissa sott. Die Sache, wo alles erträglich macht isch nämlich die Liebe!

Die Liebe zwingt Kartoffel nunder, die Liebe vodrückt süaßa Sauerbrata, die Liebe trinkt Bier aus Zwergagläser. Kurzum, die Liebe macht blind! Doch die Liebe isch au was Schönes. S'ko oim alles fehla, aber wo Liebe isch, da isch alles andere egal.

Natürlich gibt's in oinera wunderbara harmonischa Liebe ab und zua a paar schattige Däg, wo mr moina könnt, d'Sonna däd untergeha. No kann so a jungverliebtes Töchterle heula, blärra oder dr Muadr oruafa. Aber i weiß do was viel Besseres!

Also Mädle, wenn du mal traurig bisch, narret oder oifach schlecht drauf, no befolgsch oifach mein Rat. Du gehsch an dr Rhein nunder, ziagsch dei Schlappa aus und läsch a Weile dei Füaß ins Wasser bambeln. Ja und weil in dem Rhein ganz heimlich au dr Neckar mitschwimmt, geht dir's in kürzester Zeit wieder besser. Des Neckarwasser erkennt sofort an deim südländischa Fuaßgschmäckle, dass do a Schwobamädle hockt. Die schwäbische Schpuraelemente durchdringa dei Haut und fülla dein Körper mit tiefer Zufriedaheit. Grad wie neugebora schpringsch du hoim und gibsch deim Schätzle glei an ganz dicka Schmatzer.

Jetz ko mr sei, wo mr will. Ob in Köln, in Hamburg, in Nizza oder in New York. Überall wo a bissle Neckarwasser drinna schwimmt, isch's automatisch schö.

Also, wenn du heut dei Köfferle packsch, um die schwäbische Kultur an irgendeinen Ort der Welt zu traga, dann nimmsch zur Sicherheit immer a klois Fläschle Neckarwasser mit. Am beschta direkt hinter dr Schleusa abg'füllt, weil do sämtliche Stoffe aufg'wühlt und vowirbelt werdet.

No kann komma was will, no langt's in de meischte Fäll scho, dass du bloß des Fläschle oguggsch. Falls es doch amol boggelhart kommt im Leba, dann reicht oi Schlückle von diesem wertvolla Elexier und alles wird wieder guat.

Neckarwasser - du Wundertröpfle!

Wohl dem, der ihn besitzt...

In trüben Zeiten hilft der Spaß,
er lässt uns ausgelassen sein.
Spaß zu haben - sich zu freun,
hilft allenthalben ungemein.

Immer Spaß, versteht man kaum,
nur immer lachen, kann man nicht,
auch wenn der Spaß uns gern verführt,
auf Dauer spaßig ist das nicht.

*

Der Witz pickt sich ein kleines Stück
des prallen Lebens nur heraus,
setzt seine Pointe obendrauf,
lacht unverhohlen g'radeaus.

Im Witz kann man sich lustig machen,
zieht boshaft über alles her.
Ob alles witzig, alle lachen -
wer weiß, stets witzig sein ist schwer.

Ob Spaß, ob Witz - die beiden sind
von kurzer Lebensdauer.
Ob Witz, ob Spaß - Vergänglichkeit
liegt beiden auf der Lauer.

*

Das **eine** hat man oder nicht,
er ist der Schwung des Lebens,

ohne - wär man nur ein Wicht,
bemühte sich vergebens.

Er ist die Gabe, die du brauchst,
das Salz, der Senf, die Würze.
Er ist das wahre Stundenglas
für deines Lebens Kürze.

Mit **ihm** lässt sich die Wahrheit sagen,
so, dass man sie versteht.
Mit **ihm** lässt sich ein Schmerz ertragen,
der ohne kaum vergeht.

Er führt, sofern man **ihn** besitzt,
zu Jahren voller Glück
und zeigt sich, falls man **ihn** erspäht,
in deiner Augen Blick.

Er ist dein Freund an allen Tagen,
weil **er** von innen kommt und nicht zu kaufen ist.
Mit **ihm** bestehst du alle Lebenslagen,
weil du mit **ihm** stets ein Gewinner bist.

*

Humor - das ist das Zauberwort,
voll mit **Humor**, so lacht ein jeder Tag.
Humor - **er** trägt dich leicht an jeden Ort,
an den man **ohne** nicht zu denken mag.

Humor - das ist es, was du brauchst,
sei dankbar, wenn du **ihn** dein Eigen nennst.
Hast du **ihn** nicht, so pass gut auf,
dass du **ihn**, wo **er** sich auch zeigt, erkennst!

...s'Schneckawunder

Auf mei klois Gärtle bin i schtolz,
des isch mei Paradies,
do wächst mein Schnittlauch, mein Schpinat,
mei Bluama und Radies.

Und dass mei Sach guat wachsa ko,
do helf i mit dr Schpritza
und pfuz und nebel alles ei,
bis in die hinterschd Ritza.

Mit Schwefelsud und Nesselbrüh,
mit Schachtelhalm und Zwiebel,
mit Stoimehl und mit Kräutertee,
do gärt's in meinem Kübel!

Voll biologisch sind die Waffa,
mit denen ich's dem Feind verdriaß,
mr will ja schließlich net bloß schaffa
und au was ernta von seim Gmias.

Doch was isch heuer, was isch los,
was isch des für ein Dreck?
Wo i au noglotz, überall
hockt so ein frecher Schneck!

Die Bieschter fresset mein Salat
und klauet meine Wicka,
voschlunzet selbscht dr Blattschpinat -
i könnt sie grad vodrücka!

Egal wo'd nodappsch, ringsumher
bäbbt glänzich heller Schleim,

des Schneckaviech, des Lumpazeug,
des isch so hundsgemein!

Mein Bluamakohl, mein ganzer Schtolz,
den kannsch total vogessa,
denn bis i numguck, heidanei,
do hant an d'Schnecka gfressa!

Selbscht d'Schtangabohna obanauf
schleimt sich des Ungeheuer
und veschpert älles klitzekloi,
obwohl mir lieb und teuer.

I könnt vozweifla, schier vorecka,
ich werd zur wilda Sau,
des Dreckzeug, des soll grad vorecka,
des weiß i ganz genau!

Euch geht's an Kraga, Schneckabrut,
euch werd i's etzad zeiga,
s'wird mir gelinga, mit Gewalt,
euch hochkant nauszubeiga!

I dapp sie zamma, schneid sie durch
und schlag auf'd Schwänz dronei,
schtreu Salz drauf, brenn en's Häusle ab
und schmeiß in Kandel nei.

Im Bier ersäufa soll sie sich,
die elend Schneckazucht,
mit Schneckakorn, do halt i drauf,
auf die, wo auf dr Flucht!

So wird, nach fürchterliche Täg,
die Schneckaplog votrieba,

und nur an Haufa Sauerei
ischt schließlich übrichblieba.

*

Doch leider kam der Schnecken Tod
für's Gärtle viel zu schpät,
weil von der Flora voller Pracht
koi Giebele mehr schteht.

Vom einscht so dicka Kopfsalat
ragt nur dr Schtrunk no raus
und gugg i auf mein Ritterschporn,
no haut's mir d'Glotzer naus!

Grad wie Antenna schtehn mei Büschla,
koi Blättle mehr, ganz näckedich.
Für jedes Gärtnerherz ischt dieser
so böse Anblick fürchterlich.

Doch jetz isch guat, jetz hab i Ruah,
koi Schnecka duat mehr schlunza
und duad mir meine liebe Ruah
mit ihrem Schlunz verhunza.

I lieg in meinem Liegeschtuhl,
schtreck alle Viere naus
und koschte meinen Schneckasieg
voll triumphierend aus!

Doch wie i do so drinnalieg,
do fliegt mit einem Zacka
ein dunderschlechtich großer Schneck
mir pfeilgrad auf mei Backa!

Mi schüttelt's vor dem Schneckaschleim
und schrei aus vollem Hals,
dass dieses Sauviech fliaga ko,
des glaub i keinesfalls.

Doch d'Schwoba, die sind eifallsreich
und d'Schnecka lernet fliaga,
die ganze Brut schwirrt so zurück,
nur um mich kloi zu kriaga!

Oi Schnecka um die onder fliagt
mit Schwung auf meinen Rasa
und auf dr Schtell fängt jedes Viech
im Rasa o zu grasa.

*

Mein Nachbarseggel, dieser Depp,
der Dackel - dieser Frieder,
der schmeißt die Schnecka was er ko
aus seinem Gärtle rüber.

I schmeiß die Schnecka ruckzuck zrück,
der soll die Dinger bhalta.
So geht des ewich hin und her
und koiner isch zu halta.

Hasch du die Schnecka grad entfernt,
ratzfatz hant die des Fliaga glernt
(drzua braucht's au koi Windle).
Dei Schneckaplog, die wirscht net los:
Im Schneckaschmeißa sind mir groß,
so geht's halt zua im Ländle!

56 Unterhosa

Bei diesem Tatsachenbericht handelt es sich nicht, wie man vielleicht der Überschrift entnehmen könnte, um eine unter der Gürtellinie angesiedelte Geschichte. Vielmehr dreht es sich hierbei um die Reisevorbereitungen einer soliden, schwäbischen Ehefrau und Mutter.

Die Sache war so: Für einen geplanten 14-tägigen Urlaub waren natürlich rechtzeitig die Koffer mit den entsprechenden, hoffentlich benötigten, Utensilien zu füllen. So kamen neben Nähzeug, Schuhputzzeug, Reiseapotheke, Sprachführer und jeder Menge weiterem unnötigen Ballast auch die entsprechende Stückzahl an Unterwäsche ins Reisegepäck. Nun, die Rechnung war leicht gemacht. Bei einer Familie von vier Personen und 14 Tage Aufenthalt wurde jedes Stück eben 4 x 14 benötigt. Die Aufstellung lautete also wie folgt:

56 Unterhosen
112 Socken
56 Unterhemden bzw. Leibchen

Gerade bei den Unterhosen wurde natürlich ein genügend großer Puffer aufgerechnet, falls man im Urlaub etwa Verdauungsprobleme bekommen sollte. So kamen locker 250 Kleinteile zusammen, die alleine die zwei größten Reisetaschen füllten. Noch heute, nach überstandenem Urlaub, ist es noch immer unvorstellbar, wie mit all den Kleidungsstücken, Schlaftieren, Hausschuhen, Sonnencremes und -schirmen, Fotoapparaten, Luftmatratzen, Schminktaschen und Kleiderbügeln, Butterkeksen, sonstigem Notproviant, Wasserbällen und Luftpumpe die Reise überhaupt noch angetreten werden konnte. Neidvoll betrachtete ich sogar all

die anderen Urlauber, die mit winzigem Gepäck und ohne Strapazen die Erholung antraten.

Ich als Mann werde sowieso nie verstehen, warum man 56 Unterhosen und noch zusätzlich Waschmittel braucht, um sich im Urlaub entspannen zu können. Schließlich kennt einen in der Fremde doch niemand, da macht es doch nichts, wenn man etwas strenger riecht. Und überhaupt hat man doch die meiste Zeit eh nur die Badehose an, braucht also gar keine Unterhose und müsste, wenn überhaupt, viel mehr Badehosen als Unterhosen mitnehmen. Aber hier setzt die Logik aus und füllt sich der Koffer mit Spitzen- und Feinrippqualität.

Bei künftigen Urlaubsplanungen rechne ich schon jetzt die Anzahl der Tage in Unterhosen hoch. So wird automatisch durch die große Summe auch der Erholungswert entsprechend größer.
Happy feeling, dank 56 Unterhosen!

Die Lösung...

Was habet mit zunehmendem Alter so ziemlich alle Männer gemeinsam? Neba Haarausfall und andere Wehwehla kriagat die meischte Männer a Bäuchle. So a Art Wohlstandskügele.

Es gibt Ausnahma, aber solche notorische Hungerleider könnet mir bloß leid do. So a Bäuchle isch au koin Qualitätsmangel, eher s'Gegateil. Und trotzdem isch diese Unterleibsschwellung oim manchsmol irgendwie uognehm.

Wenn mr sich die bauchtragende Männerwelt genauer oguggt, no kann mr zwei Kategoria von Kügeles-schiaber unterscheida: Auf dr oina Seita die, wo ihren Hosabund unterm Bauchansatz traget und die, wo d'Hosa bis hoch an'd Bruschtwarza hochziagat. Die Bauchträger, wo ihren Ranza raushänga lassa und die, wo ihn voschtecka. Die oine, wo drzua stehat und die ondere, wo sich net trauet.

Bei de oine sieht's eher a bissle unästhetisch aus, wenn zwischa de Knöpf vom aufpumpta Oberhemd s'weiße Unterleible rausschpickelt. Die ondere kommed zwar a bissle kultivierter daher, aber au a bissle muttersöhnles-haft.

Doch welche Präsentationsweise isch die Beschte? Fehlt oim, der sei Hosa bis an d'Achsla hochschnallt s'nötige Selbschtbewusstsei oder hat er oifach net s'richtige Hinterteil, wo d'Hosa heba däd? Isch oiner, wo sei Feinrippqualität vorglotza lässt leschär oder ukulti-viert?

Die Bekleidungsinduschtrie hätt sich scho längscht auf die männliche Tatsacha eischtella könna. Aber noi, entweder s'hängt oim d'Hosa am Arsch oder mr hat Hochwasser. Richtich passa duat's nie!

Oi Möglichkeit gibt's, die isch für alle Ranzaträger die richtige Wahl. Mr schlupft in a Latzhösle nei. Do ka mr dann sei erogene Schwungmasse raushänga lassa und isch trotzdem hochgschnallt. Und s'Beschte an so oim Allround-Verkleidungswunder isch: S'sieht immer so aus, als ob mr grad was schaffa däd...

Köpfe 3 - Kopfarbeit

Dr harte Meckel geht durch'd Wand
und holt sich manche Beula.
Dr harte Kerle spürt nur Schmerz
und unterdrückt sich's Heula.

Dr schlaue Kopf, der geht durch'd Tür,
wenn's sei muass au um'd Ecka
und lässt sich von dr harta Wand
net halta und net schrecka.

Dr harte Kopf, der hat's net leicht,
s'isch gwiss koi Zuckerschlecka.
Dr Schlaule au sei Ziel erreicht
und braucht koi Wunda lecka.

Vom weicha und vom harta Kopf
wird keine Wand gemieda,
dr oine nimmt statt Kopf die Hand,
dr onder kommt um dr Voschtand,
so sind die Leut verschieda.

Wie mr's macht isch's vokehrt!

Manchsmol, da isch's wie vohext,
mr weiß net wie oim gschieht.
Mr macht's richtich und doch falsch,
wie mr sich auch bemüht.

Vor a paar Wocha isch's passiert,
da hat mir's fürchterlich pressiert.
I sott so dringend schiffa
und hab mir scho a volle Schtund
die Sache schwer vokniffa.

Endlich hab i's Örtle gseha,
ruckzuck war i au drinna,
wollt mit dr Blas-Erleichterung
glei auf dr Schtell beginna.

Doch ehrlich, i war irritiert,
durch so a blödes Schild,
das an dr Wand befeschtigt war
und nur für Männer gilt.

I wurd höflichscht aufgefordert
im Sitza zu vorichta,
um so die Reinlichkeit des Ort's
auf koin Fall zu vernichta.

Nur, als i dann mei kleines Gschäft
erledigt wie beschrieba,
da war ringsrum dr Sega groß,
des ischt net übertrieba.

Mr lernt daraus: Wenn unter Druck,
kann Mann nicht mehr guat denka,
er reagiert vielleicht vokehrt
und duat ins Unheil lenka!

PINKELN NUR IMSITZEN ERLAUBT!
?

Der Zweck heiligt die Mittel

Im Alter werdet Eheleut
oft ehrlich zueinander.
A manches gibt's, was sie jetz reut
beim langa Miteinander.

Beide wollet jetzat lüfta
geheime Missetata,
wo mr so über'd Ehezeit
auf falsche Weg gerata.

Grad fünf-, sechsmal, so gibt er zua,
hätt er verletzt die Treue,
doch jetz fänd seine Seele Ruh,
weil er dies arg bereue.

„Du Windhund, hab i mir's doch denkt,
dass du's net bloß beim Glotza läsch.
I hab dir mei Unschuld g'schenkt
und du gehsch ondere an'd Wäsch!"

„Auf, auf geht's Weib", so fordert er
die Frau nun zum Geschteha,
„isch solches durch die Ehezeit
wohl au bei dir gescheha?"

A paarmal sei sie nebanaus,
s'könnt net oft g'wäsa sei
und sie hätt in a Beutele
jedsmal a Erbsle nei.

„Sell Beutele, des isch noch do,
s'muass auf dr Bühna liega.
Do sind mei Seitaschprüngla drin,
die könnet net schwer wiega!"

Glei auf dr Schtell, do saut er nauf
und wirklich, s'hängt am Schparra.

Scho auf dr Bühne schreit er laut:
„Jetzt fahr i dir an Karra!”

Er zählt die Erbsla, Stück für Stück
und wird dabei ganz blass:
„Du Lumpamensch, du elends Viech -
d'gröscht Schella in dr Gass!

Achtzehnmal hasch mi betroga,
das isch gwiss a schtarkes Schtück.
Hasch mich schändlich ogeloga,
torpediert das Eheglück!

Doch was soll's, s'isch net zu ändern,
des war früher, so lang her.
Selber war i au koin Engel,
i bin ruhich und sag nix mehr.”

Nachdem er ihr vozieha hat,
da wirft sie schnell noch ei,
es könntet in dem Sündasack
net alle Erbsla sei.

Kurz nach am Kriag, sie hätt's net g'wollt,
doch weil die Zeit so schlecht,
do hätt sie aus dem Beutel raus,
obwohl's ihr gar net recht.

„A jedes Ding, des hat zwei Seita.
Du dädsch wahrscheinlich nemme leba,
hätt's in der schwera, arma Zeit
koi Erbsasuppa gäba!”

‘Spar-tanisch’

Am Eingang der Sparkasse meines Geburtsortes stehen in Stein gehauen folgende Worte: ‘Wenig zu wenig gibt viel.’ Als Kind konnte ich diesen Spruch nie richtig begreifen. Doch da der Schwabe mit 40 ‘g’scheit’ wird, habe ich mir eben später meine Gedanken über diese tiefschwäbische Grundregel gemacht.

Hier im Ländle, wohl noch viel mehr als anderswo, gilt schon von Geburt an eine Richtlinie, eine Lebensstrategie.

„Schpara, schpara, schpara.”

Kaum geboren, besitzt der schwäbische Säugling bereits ein eigenes Konto, auf dem die fürsorglichen Eltern, alle Verwandten und Bekannten sogleich kleinere und größere Beträge einzahlen. Dabei ist die elterliche Befriedigung angesichts des steigenden Sparguthabens ganz erheblich. Auch wenn das Kleinkind den Sinn des Ganzen nicht erfasst, so weiß es doch bald, dass Sparen etwas Schönes ist. Das eigene Sparbüchlein gar einmal mit Händen zu greifen, erzeugt ein überglückliches Kleinsparerglucksen.

Als Kind werden später dann selbstständig und regelmäßig diverse Geldbeträge eingesammelt. Zum Beispiel für das gute Schulzeugnis, für die dritte Zahnlücke oder einfach so, weil wieder Sonntag ist. All diese Sümmchen werden zuerst im Sparschweinchen zwischengelagert, spätestens aber am Weltspartag voll Stolz auf die Bank getragen. Es erstaunt schon, welch stattliche Beträge sich im Laufe eines Jahres ansammeln können. So wächst mit der Zeit neben dem Kind auch ein schönes Kapital heran. Nicht zuletzt auch diese Grundlage bildet den Nährboden der schwäbischen Zufriedenheit.

„Damit du dir später mal etwas Großes anschaffen kannst", so oder ähnlich lauten die Argumente, wenn das Kind einmal ein paar Mark von seinem Konto abheben möchte, ihm dieses aber von den weiterdenkenden Eltern verwehrt wird. Eine Zeitlang versteht man als Kind diese grobe Verweigerung nicht. Es gibt so viele Wünsche und eigentlich gehört einem das Angesparte doch selbst. Aber nein, es wird nicht gestattet, auch nur eine Mark abzuheben.

Diese Zeit der Frustration vergeht und langsam erkennt das erwachsen werdende Kind, dass viele Wünsche in den meisten Fällen aus anderen Taschen erfüllt werden. Wie oft hat nicht die Mutter heimlich einen Schein zugesteckt. Und erst die Großeltern, die vielleicht gar keine üppige Rente haben. Dem Enkel soll nichts abgehen. So finanziert sich Moped, Auto und Urlaub auf mysteriöse Weise. Selbst der Vater bezahlt gönnerhaft die Einrichtung der ersten eigenen Wohnung. In den meisten Fällen bleibt das ersparte Finanzpolster stabil und dient als Fundament für größere Schritte.

Aus Kleinbeträgen entstanden hat sich in 20 Jahren etwas entwickelt, woran die meisten Älteren unter uns niemals zu denken wagten. Auch wenn man als Kind vielleicht nicht alles hatte, auf das eine oder andere verzichten musste. Spätestens jetzt ist klar:

Wenig zu wenig gibt viel!

‘dr Tüpfel-Scheißer’

S’gibt au bei uns im Ländle Zeitgenossa, die kennet oim dr letschde Nerv rauba. Solche, wo alles besser wissa wolla, wo oin glei auf alles, was a bissle falsch isch, sofort hinweisa müssa, au wenn’s no so nebasächlich isch.
Zu solche schpitzfindische, penetrante, überflüssig Besserwisser sagt mr bei uns ‘Tüpfelscheißer’.

*

Kannsch du fünf net grad sei lassa,
kannsch du’s überhaupt net fassa,
dass ondere voll Toleranz,
schpringsch rum wie einscht dr Veit im Tanz.

Ganz genau muass alles sei,
schtimmt was net, gibt’s glei a Gschrei.
Fehlt dr Tüpfel auf am ‘i’,
hopfsch rum wie grupftes Federvieh.

Prompt gibsch deinen Scheiß drzua,
gibsch net auf, erscht recht koi Ruah.
Bis in die kloinschte Kleinigkeit,
duat sich dei Hirn vorenna
und liagsch au schief bisch net bereit,
selbscht Farbe zu bekenna.

Dr Tüpfelscheißer selber macht
natürlich nie an Fehler.
Er schpielt sich auf und macht sich groß
als Muggaseckel-Quäler.

Er sieht nur des, was net ganz schtimmt,
was fehlt oder zuviel.
Doch s'große Ganze sieht er net
und trifft erscht recht koi Ziel.

Find er mal nix um sich zu wetza,
koin Grund, um glei draufloszuhetza,
wird aus dr Mugg koi Elefant,
zweifelt er faschd scho am Voschtand.

Find er an 'i' ohne an Tüpfel,
no isch er ruckzuck auf am Gipfel,
isch seine Welt zurechtgerückt,
weil ihm ein großer Fang geglückt.

*

Tüpfelscheißer - ohne dich
wär's Leba fahl und grau.
Komm, schtülp dein Wissa über mich
und mach den Dumma schlau.

Falsch voschtanda

Dr Nachbare, dr Adelheid,
der klag i manchesmol mei Leid.
Erzähl ihr, dass mein Friederich
halt nimme so wie früher isch.

Früher, so vor dreißich Jahr,
als i no net voheiert war,
da war der auf mi ganz vosessa,
hätt mich am liabschta aufgefressa.

Da isch der um mi rumgeschwänzelt,
hat rumgewedelt und gedänzelt,
nannte mich sein süßes Mäusle,
war wega mir ganz aus am Häusle.

Doch was isch nur von dieser Liebe
nach so viel Jährla übrigblieba?
Heut find er alles an mir mies.
Er sagt, ich hätt zu krumme Füß,
moint au, i hätt a großes Maul
und Arschbäckla wie an Ackergaul!

Dr Nachbare, dr Adelheid,
der tua i manchsmol richtich leid.
„Dei Friederich soll sich was schäma,
da muass mr ebbes unternehma!"

Sie weiss, es gibt für solche Fäll
a Ehefruscht-Beratungsstell.
Die Herra, wo oin do berata,
die heißt mr Ehe-Psychopata.

Sofort hab i mi aufgerappelt
und dort mit dene Herra babbelt.
Mr muass in möglichscht gscheite Sätze
mit solche Kerla Hochdeutsch schwätza.
I sag ganz frei: „Herr Psychopat,
i brauch ganz dringend Ihren Rat!"

Darauf sagt der zu mir: „Gnä' Frau,
schildern Sie diesen Fall genau,
wie's mit der Sexualität
in Ihrer Ehe geht und steht."

Da hab i sofort losgelegt
und gsagt, dass sich do nix meh regt.
Mei Friederich hängt bloß noch rum,
allmählich wird mir des zu dumm.

Dr Psychopat hat überlegt,
weil ihn mein Klaga stark bewegt.
Er gibt den gutgemeinta Rat:
Man schreite voller List zur Tat.

„Sie müssen Ihr Intimverhalten
modern und int'ressant gestalten.
Sie müssen Ihre Ehe würzen
und Ihren Mann mit Charme bezirzen.

Zu diesem Zweck fänd ich recht fesch,
schwarze Spitzenunterwäsch.
Schwarz, das wirkt oft wie ein Wunder.
Schwarz macht müde Männer munter!"

Glei drauf geh i in's Schtädtle nei
und kauf Dessousla, schick und fei.

Am Wochaend werd i's probiera
und meinen Friederich vofühра.

Aufgepuscht und hochgeschnallt
lässt dieser Anblick keinen kalt.
Meim Ehemann vergehn die Flusa,
der muss an meinem Busa schmusa!
Am Wochaend, da leg i los
in Wonderbra und Spitzahos!

Am Samschtagobend glotzt der mei
wie immer in dr Fernseh nei.
I lauf vorbei und sag "Oho!"
und wackel sinnlich mit dem Po.

Doch moinsch, der hätt mi wahrgenomma?
Im Kaschta isch grad ebbes komma.
In d'Schportschau glotzt der Dinger nei
und i war dem ganz einerlei.

Jetzt werd i aber ganz massiv
und schtelle mich demonstrativ
vor seinen Fernsehkaschta no:
„Guck mi doch endlich oimol o!
Findesch du mi denn gar net fesch
in meiner schwarza Unterwäsch?"

Meim Friederich gibt des an Ruck,
er greift zur Bierflasch - trinkt an Schluck -
guggt mi o mit irrem Blick,
mir hupft mei Herz - i gugg zurück.

Do sagt der, alles war vodorba:
„Oh gott - isch unser Oma gschtorba?"

Die echte Gladiatora

Zweimal im Jahr schteigt beim Schwob von ganz alloi dr Bluatdruck und er wird hellwach. Im Prinzip isch des ja guat, hat aber leider nix mit de Hormone zum do. Au isch's bei ihra viel ärger als wie bei ihm. Im Grund hat der Zuschtand was mit de Jahreszeita z'do. Manche Fraua, die werdet in der heißen Phase dieser immer wiederkehrenden Zyklen sogar zappelich, schprunghaft und beinah zügellos. Mr könnt grad moina, die ganze Fraua wäred auf oin Schlag irgendwie brunftich worda, so aufg'regt sind die. Des andere Geschlecht isch aber net dr Grund für dieses abnormale Verhalta. Dr wahre Grund liegt im angeborenen, tiefsitzenden Sammeltrieb des Schwaben.

Schlussverkauf - der sagenumwobene Sammelbegriff endzeitmäßiger Schparorgien.
Schlussverkauf - wie viele bitter benötigte Anschaffunga hält mr net für diese heißersehnten Tage zurück.

Im Winter zum Beischpiel, wenn mr scho längscht warme Sacha haba sott, wird so lang g'wartet, bis jeder wenichschtens oimal dr Schnupfa ghabt hat.

„Habet sie net scho ebbas runtergsetzt?" „Könnt mr an dem Blüsle nix nochlassa, s'isch doch bald Schlussvokauf?" „ Wenn sie mir die Hosa a bissle runterpreisa, no däd i sie nehma." Mit solchen oder ähnlichen Fragen und Aufforderungen wird scho wochalang vor am eigentlicha Termin s'Vokaufspersonal gnervt.

Natürlich wird scho einige Däg vor am Schlussvokaufsschtart die entschprechende Ware reduziert und die echten Schnäppchenjäger gehen auf die Pirsch. Zum

Stichtag jedoch ist ein eigfleischter Tiefpreisbeutegreifer nicht mehr zu halta. Da wird mit brachialer Urgewalt schiergar d'Türa vom Kaufhaus eidrückt. Wehe, s'drängelt sich oine vor. So Oinera wird auf dr Schtell d'Handtasch auf dr Dez g'schlaga, dass no so schtaubt! Dr Schlussvokauf hat seine eigene Regla und mr sott sich im eigena Interesse dro halta.

Dr Wühltisch wird von rechts nach links durchgschafft, ja net von dr Mitte nach außa! Mehr wie sieba Kleider auf oimal in d'Kabina neischleifa isch ebenso unerwünscht. Wega dr Zeiterschparnis isch sowieso besser, mr schteht net in jeder Abteilung an d'Kasse no. Viel besser geht's, wenn mr alles schtapelt und schtopft und zum Schluss irgendwo vordrängelt.

Als schlussvokaufserprobter Haudega kennt mr sich aus. S'gibt aber immer so a paar Egoischtaweiber, die kämpfet sich ohne irgendwelches Syschtem durch d'Feinrippunterwäsch, dass d'Gummizüg no so fatzed. Do geht a Gschrei los, solche werdet alles g'heißa, do wird die guate Kinderschtube vogessa, do isch alles egal. Es soll sogar regelmäßich zu handfeschte Tätlichkeita komma sei! Mit dr oina Hand d'Beute sichern, mit dr ondera weiterschaufeln und mit de Ellaboga s'Revier voteidiga. Do kennt sie nix!

Schlussvokauf isch Überlebenskampf pur! Höchschte Vorsicht isch gebota, wenn mr selber a bissle kränklich, schmichtalich, zäpfich oder z'kloi isch. Sonscht ko mr beim Biberbettwäsch-Nahkampf buchschtäblich in d'Knia geha.

Am End schleift mr sein Ogebots-Lumpagruscht mit g'schwollener Bruscht (und Zeha) an d'Kassa. Die

Euphorie eines ultimativa Schpar-Erlebnisses weicht schpäteschtens jetzt aber der Nüchternheit des unbarmherzigen Kassazettels. Mr hat ganz beschtimmt net z'viel kauft und sowieso bloß des, was mr ubedingt braucht. Fünf Pärla Socka für dr Mo hättet g'langt. Umgrechnet wared die 10er-Päckla aber viel billiger, also hat mr gleich drei drvo gnomma. So günschtig könnet ja die Socka s'nächschte Mol nimme sei und dahoim fressed sie koi Brot. So oder ähnlich rechtfertigt sich die vollbepackte Extremschparerin vor sich selbscht.

Erscht jetzt fällt ihra auf, dass ihr neua Büschtahalter net zum Schlüpferle passt. Irgendwie müassat sich die Teile beim Wühla untrennbar voknotet haba. Bei solche Tiefpreise isch des aber net so wichtich, au wenn dr Liebestöter viel z'groß isch, mr ko ja neiwachsa!

Auffallend viele Fraua klaga durch die Schlussvokaufszeit über Prellunga und g'schwollene Fiaß. Viele sieht mr noch wochalang an dr vokratzta Hand die Folga vom Schnäppchendreikampf (vordrücka, greifa, sichern) o. So kloine Uonehmlichkeita werdet aber ohne zu klaga in Kauf g'nomma, Hauptsach, d'Gugga sind voll und mr hat ebbes Günschtichs vowischt, au wenn mr schier nimme hoimwackla ko.

Schlussvokauf, das isch eine der wenigen Disziplina, in denen sich der Schwabe und vor allem die Schwäbin noch richtig beweisa kann.

Eigentlich isch es ja schizophren, dass mr beim Geldausgeba au gleichzeitig no schpara will. Richtich Schpara geht logischerweis bloß beim Net-Ausgeba! Aber au diese reine Lehre der schwäbischen Klein-

REDUZIERT
50 %
SCHLUSS
VERKAUF
SCHLUSS
29.-

schparer-Ideologie geht im Kampf um Kittelschürza, Unterhosa und Bettwäsch sang- und klanglos unter.

Es kann durchaus vorkomma, dass dr Haussega nach solche Schparexzesse a bissle schiefhenkt. Aber mr sollte nie außer Acht lassa: "Schpara muass sei, ohne Schpara isch mr koin rechta Schwob! Wer net schpart, der kommt zu nix!" (Erscht wer nix mehr hat, der braucht au nimme schpara!)

Diesen weiblichen Drang nach Selbstbestätigung habet unsere heimische Volkshochschuala scho längschd erkannt. Net umsonscht gibt's so viele Kurse für Selbstverteidigung, speziell für Fraua. Mr sott als Mo oimal Mäusle sei und in so an Kurs neiglotza dürfa. Do könnt mr dann hautnah miterleba, wie die Spätzles-Athletinna fachmännisch auf den glorreicha Kampf in dr Doppelripp-Arena vorbereitet werdet.

Dr Schlussvokauf will besiegt werda - auf in den Kampf!

Bilder der Stille

Ein windiger Tag, regnerisch und kühl. Der Herbst meldet sich an. Noch sind die Bäume grün, das Laub nicht gefärbt. Trotz des schlechten Wetters will ich ein paar Schritte laufen, will nicht den ganzen Tag in der Wohnung verbringen.

Meine Schritte führen mich auf den Weg hinaus zum See. Unruhig schlagen dort kleine Wellen an das Ufer. Sie brechen sich an Steinen und verlaufen im Sand. Immer wieder greifen Windböen in die Wasseroberfläche und peitschen die Wellen an. Man kann die Kraft des Windes ahnen, der seine Spuren über den See zieht.

Waren sonst im See immer die Ringe der Fische zu sehen, die kurz an die Oberfläche schwammen, so ist heute davon nichts zu erkennen. Alles ist voller Unruhe, die Bäume schwanken, abgerissene Blätter treiben umher. Kein Vogellied ist zu hören, nur das Pfeifen des Windes in den Zweigen. Schnell ziehen tiefe Wolken vorüber, so tief, als streiften sie die Baumwipfel.

Als ich letzte Woche hier an der gleichen Stelle stand und ins das Wasser des Sees blickte, war es vollkommen ruhig, windstill. Wie eine dunkle Glasscheibe lag das Gewässer, plan und eben. Von den Sträuchern, die auf der gegenüberliegenden Seite des Sees stehen, war eine Vielzahl von Vogelstimmen zu hören. Das Brummen und Zirpen der Insekten drang an mein Ohr. Einzelne Wasserläufer bewegten sich über die tragende Wasseroberfläche.

Ich ging auf den Steg, der über den See führt und stützte mich auf das Geländer. Lange stand ich so, regungslos und betrachtete mein Spiegelbild. Nichts war verschwommen, alles war deutlich. So ruhig lag das Wasser unter mir.

Nur wenn die Ruhe kommt, sieht man sich selbst.

S'isch oifach herrlich...

... wenn mr auf ma Feschtle hockableiba ko, weil mr am nächschta Morga net ins Gschäft muass

... wenn mr Wei hat und dr Durscht net nochlässt

... wenn mr sich dr Meckel nogschlaga hat und dr Schmerz so langsam vogeht

... wenn mr ab und zua des do ko, was mr selber will

... wenn mr zfrieda isch

Der große Drang

So ab und zua voreist au dr Schwob. Woanderscht kann's grad so schön sei, net bloß bei uns dahoim. Außerdem will mr ja seim Geischt dann und wann au mol was Guat's zuakomma lassa. Ebbes anders seha isch so wichtich wie Zeitung lesa. Drübernaus ko mr erscht dann beurteila wie guat's uns hier im Ländle geht, wenn mr über dr Tellerrand nausguckt. Zudem gibt's Ziele, die gar net so weit weg sind, als dass mr sich net oimol so an kloina Kurzurlaub gönna könnt.

Was soll i jetz no lang rumschwätza, das neueschte Ziel meiner reiseluschtichen Gattin lag im Herzen von Frankreich. Eine 4-tägige Busreise in die gallische Metropole. Paris - die Stadt der Liebe und Weißbrotschtanga.

Mir waret zwar scho vor 20 Johr in Paris und mir denkt's no wie heut, doch meine bessere Hälfte hat gmoint, nach so langer Zeit hätt sich beschtimmt viel voändert und unsere Kinder däd's au intressiera. Wega mir hätt mr au unsere Bilder vom letschda Mol ogugga könna, aber in einer Familie mit 75% Frauaoteil ziagt mr eba meischtens dr Kürzere. Basisdemokratisch, also mit satter ¾ Mehrheit überschtimmt, sind sogleich die vier Däg verplant worda.

Wenn's nach meine Kinder ganga wär, hätt i die volle Zeit im Mickymaus-Paradiesle rumdappa müassa. Aber erschtens orientiered sich die Eintrittspreise für diese Comic-Ausschtellung am Einkomma eines gewissen Dagobert Duck und zweitens hab i net wolla. Mei Frau hat sich breitschlaga lassa und einen Tag ihres Lebens geopfert.

Große Stadtrundfahrt, Eifelturm, Sacre Coeur, Flohmarkt, Notre Dame. Dr Zettel, wo mir überall nogwollt habet, war glei voll. I wollt ubedingt no die Fahrt an die Loire-Schlösser mitmacha - und des alles in vier Däg.

Paris - so mit unserer Heimatgemeinde voglicha isch scho gewaltig. Dieser Vokehr war total ugwohnt, vor allem diese Menge von alte Roschtkischta, die dort rumfahret. Mr sieht kaum Audi und Mercedesla. In einem Affazahn fatzed die Franzosa über die Stroßa und Plätz, ohne dass irgendwo boggelt. Däd mr diesen Sauvokehr auf Schtuagart übertraga, däd's an alle Ecka kracha. Und überhaupt, diese riesigen, breiten Boulevards. Die sind so breit, dass do bei uns a ganze Baulandumlegung Platz hätt. Riesige Bauplätz mitta in dr Schtadt!

Unser Hotel, bsonders unsere Zimmer, waret dagega eher kloi. Eigentlich z'kloi, wenn mr dr Preis dafür betrachtet. Aber wer, außer den Schwaben, guggt scho auf's Geld, wenn er im Urlaub isch.

Dr Frühschtücksraum war net größer wie unser Wohnzimmer, aber trotzdem habet do drin locker 40 Leut Platz gfunda. S'hat anaweg gschmeckt, a wenn mr vor lauter Platznot sei Baguettle hat hochkant essa müassa.

Glei nach am Frühschtück sind mir los, ja nix verpassa, vier Däg sind glei rum. Dies und jenes oglotza, a paar Bilder macha und nebaher Hunger kriaga.

Die Auswahl an Zwischenmahlzeita in dieser Weltstadt isch sehr groß. Mr kriagt Baguettla mit Käs, Baguettla mit Schinka, Baguettla mit Eier und Baguettla mit Salat. Mr schpart Zeit und braucht erscht gar koi rote Wurscht,

Pommfritz oder Fischweckla suacha. So a Baguettle isch außerdem viel ukomplizierter und macht au satt.

Leider bringt's Essa und Trinka auch seine Nachteile in Form von menschlichen Bedürfnissen mit sich. Und eba diese Bedürfnisse zu befriedigen isch in dem großa Paris gar net so leicht gwä.

Zu viert hat mr Ausschau nach ma Klohäusle ghalta. Als mir dann glücklicherweise ois gfunda habet, war's dummerweise grad am überlaufa. Also was macha? Schtundalang voklemma isch ugsund und außerdem gfährlich.

In so einer Notlage überfällt mr im volla Rudel s'nächschte Lokal und wird nach fünf Sekunda höflich wieder nach draußa komplimentiert. S'nächschte Lokal zu finda war relativ schwer, weil mr mit so ma voklemmta Schritt eba net so guat laufa ko. Nach 20 Meter begegnete uns endlich ein weiteres dieser einladenden Restaurants. Aus der bitteren Erfahrung des vorhergehenden Verweises bin i erscht amol alloi dort nei. Schnurschtracks dem Toilettaschildle nach, immer weiter nach hinta und dann no d'Kellertreppa nunder.

Aber dann, endlich dieser Raum des Glücks, diese Stätte der ehrlichen Freude. Die Franzosa wisset genau, auf was es okommt und so waret mittels Automat vor Eintritt in diesen Wonnetempel zuerscht zwei Franc zu entrichten. I hab nimme nachdenka könna und unter immer dringender werdendem Druck des passende Kloigeld gsucht. Mit dem Gefühl, eine Schatzkammer zu öffna, riss ich mit letschter Kraft die Klotür auf. Die Vermutung, hinter einer zwei Franc teuren Tür ein kleines Paradies zu erblicka, täuschte. Unter Widerwilla entledigte ich mich meines Bedürfnisses. Kaum, dass i mi a bissle mit nicht vorhandenem Klopapier gesäubert hätt, war au scho, wie vorher abgesprocha, das nächschte Familiamitglied zur Stelle. Also schnell naus, d'Türa heba, damit sie net neischnappt und oba Bscheid geba. Zum Glück hat mei Frau gnuag Papiertaschatüacher eigschteckt, sonscht wär die ganze Sache übel ausganga.

Nach dieser Odysee hätt dr Rescht meines Lebens auf dr Schtell beginna könna. Es isch uns alle ubegreiflich, wie des all die ondere Leut in Paris machet. S'muass doch jeder mal auf dr Klo. S'wird sei wie bei uns, an de kloine Sacha ko mr schpara. Vielleicht schpart mr so in Paris, damit's für die große Plätz und Boulevards langt.

Nach dieser schmerzlichen Erfahrung hat koiner mehr ebbes essa oder trinka wolla. Doch ausgerechnet hat mr woanderscht no viel mehr Hunger wie dahoim. Mr sott au, wenn mr scho in Paris isch, oimol typisch französisch Essa geha. Also sind mr abends in a Pizzeria neiganga und dieses beschleichende Gefühl der Enge war scho wieder da. Die Tischla, an die mr uns nogsetzt hatt, waret so groß, wie bei uns dahoim d'Veschperbrettla. Wohin mit am Fotoapparätle, wohin mit de Rucksäckla? Am beschta, mr schtopft alles unter dr Tisch und suacht sich für d'Füaß an neua Platz.

In der ganza Schtund, in der mir in dem Reschtaurant gwä sind, hat net oiner von de Gäscht auf's Häusle müassa. Eigentlich isch's ja logisch, dass die Franzosa net so oft auf dr Klo saua müassa wie mir. Wenn mr nämlich so wie die schtundalang mit voklemmte Füaß am Tischle hocka müasst, däd i mir automatisch

s'Schnäpperle abdrücka und aus wär's mit am Schtrieza.
So lernsch überall was drzua, mr muass bloß wolla!

Trotzdem war die Reise nach Paris arg schön. So viele Eindrücke, so viele Sehenswürdigkeita. Bereits nach a paar Däg isch alles, was net so war wie's hätt sei solla, vodrängt. Mr ko jetz wieder breitboinig nohocka und jedem vozähla: „Paris war Klasse!"

Tausendrot

Der Tag wird kurz, der Morgen trübe,
es kommen Sonnenstundendiebe.
Der Himmel fahl und grau getarnt,
die Wolken kämpfen - niemand warnt.

In Fetzen fliegen sie umher,
ein kühler Sturmwind rüttelt schwer
am Zweig, am Ast, am ganzen Baum,
vorbei ist's mit dem Sommertraum.

Das Jahr geht schon mit schnellem Schritt
zu Ende wieder mal
und die Natur folgt eilig mit,
ergibt sich - ohne Wahl.

Ein jedes Blatt, das fallen muss
schreit auf, doch dringt kein Laut
an unser Ohr,
wir hören nichts,
wir Menschen sind zu taub.

Das grüne Blatt gibt noch nicht auf,
gibt sich ganz kämpferisch.
Besinnt sich, wie es handeln kann
und wird erfinderisch.

Dem Herbste zu gefallen
schlüpft es ins bunte Kleid.
Schmückt sich mit warmen Farben,
macht sich zum Tanz bereit.

Millionen Blätter tun's ihm gleich,
ein jedes will gewinnen.

Versucht mit eig'nem Farbenspiel
dem Herbststurm zu entrinnen.

Wird es der Wind verschonen,
so rot, so gelb, so bunt?
Wird sich die Mühe lohnen,
voll Spannung kommt die Stund.

Doch nicht ein buntes Blatt verschmäht
der mitleidlose Wind.
Kein Werben ihm den Kopf verdreht;
der Sturm ist farbenblind.

Am Boden liegt das bunte Blatt
und trauert um das Jahr,
das es erlebt in Nacht und Licht
voll Saft und Fülle, voll Gewicht,
als es am Zweig noch war.

*

Bereits am nächsten Morgen schon,
berühren tröstend Strahlen
der tiefen, herbstlich lichten Sonne
das Blatt - und wollen malen.

Sie malen herrlich weiche Bilder
so fließend, so bedacht
und zeigen, wie der gold'ne Strahl
aus Farben Funkeln macht.

Der Pinselstrich schreibt auf das Blatt:
„Auch wenn du heut verloren,
so wirst du schon im neuen Jahr
geheimnisvoll und wunderbar
voll Zauber neu geboren.“

Geborgaheit

Wenn mr selber über sei Kinderzeit nachdenkt, no hinterlasset doch oft die kloinschte Sacha die gröschte Eindrück.

Als Kind, da hat mr doch so sei Plätzla ghabt, wo mr sich am liebschta aufghalta hat. I glaub, des war net bloß bei mir so und isch mit Sicherheit angebora, dass mr gern wo neischlupft und sich woneivoschteckelt.

Da war zum Beischpiel ‘s’Lägerle’. Aus Kissa und Bettdecka, alte Karto und Tischtücher und halt aus allem, was so im Zimmer rumgschtanda isch, hat mr sich sei eigenes kloines Reich bäschtelt. Dort drinna war mr im Glück! A Mickymaus-Heftle, a Taschalämple und was zum Schlecka. So hat mr’s aushalta könna.

So a Lägerle, wo’s richtich duschter und a bissle uheimlich war, hat wirklich seinen Reiz ghabt. Wenichschtens solangs außa hell war. Aber obends, wenn’s dann dunkel worda isch, hat mr nimme in sei Zimmervoschteckle hocka wella. Do war’s bei Mama und Babba im Wohnzimmer oder Küche viel schöner. Die Abendzeit und bsonders die vor am Fernseher isch als Kind leider viel zu kurz. Kaum, dass mr gveschpert hat, isch au scho s’Sandmännle komma und mr hat ins Bett solla. Schlafa, obwohl mr net müad war, bloß weil’s d’Eltern so gwollt habet. Mit mehr oder weniger viel Vozögerungstaktik nach ein bis zwei Gutnachtgschichtla und nach am Obendgebet isch mr im Bettle glega und hat net schlafa könna. In seim dunkla Zimmer hat mr sich oifach net wohlgfühlt.

Wie oft isch mr net als Kind im Schlafozügle und barfüßig zu de Eltern däbbelt und hat bittelt und bettelt, ob mr net no a bissle aufbleiba darf. Meischtens hat mr noch a Viertelschtündle rausgschunda. Mehr isch net ganga. Natürlich hat mr's weiter probiert, solang, bis endlich dieser erlösende Satz gschprocha worda isch: „Also guat, darfsch ins Gräbele liega." Wie glücklich war mr do - in's Gräbele neiliega - so richtich neischlupfa, sich alloi von der Enge zwischa de beide Matratza sicher fühla. Des hat oim scho was geba, do war mr Kind!

Manchsmol au, wenn's gwittert hat oder wenn mr oifach net hat schlafa könna, war des Gräbele die Rettung. S'Allerschönschte war natürlich, zwischa Babba und Mama liega und net ins eigene Bettle müssa. Do hätt ringsrum d'Welt untergeha könna, so mittadrinna, so geborga, wär alles egal gwä.

Heutzutage isch die Sache mit dem Gräbele scho schwieriger. In viele Neschter gibt's überhaupt koi Besucherritze mehr. Durchgehende Matratza oder gar Wasserbetta, do duat mr sich mit neischlupfa schwer. Do könnt mr sich selbscht mit Gwalt koi Gräbele graba, ohne dass net auf oimal an Schpringbrunna losgeha däd.

Ob die heutige Bettaverkäufer überhaupt no wisset, auf was es bei ra Liegeschtätte okommt? Liegekomfort, Schweißaufsaugfähigkeit, Wirbelsäulaentlaschtung und nicht zu vogessa, eba die besagte Neischlupfmöglichkeit.

I denk mir oifach, s'wär besser, mr isch vielleicht a bissle altbacket und kauft sich Betta mit Gräbele, als dass die Junge bis Dusala vor dr Glotzkischta hocket. Selbscht, wenn'd als Erwachsener oimal in's Gräbele liegsch - hoppala - um's numgugga bisch vielleicht deim Schätzle so viel näher wie vorher und oifach glücklich.

S'schteckt so viel Gutes zwischa de Matratza, obwohl do eigentlich gar nix isch.

Eigentlich sind's die uscheinbare Sacha, die s'Leba ausmacha.

Schwäbische Erfindunga

Dr Leonardo, der soll im Mittelalter scheint's des Perpetuum mobile erfunda haba. Der au!

Weil, mir isch nämlich vor a Weile selber eigfalla, wie des funkzioniert. I bin in mein Keller nunder und hab bäschtelt und bohrt, gsägt und gfeilt. Mei Frau hat scho gmoint, dass mit mir ebbas nimme schtimma däd. Aber wo dann mei neueschte Erfindung von ganz alloi glaufa isch, hat sie mit bruddeln aufghört. I hab des Apparätle am Daimler vokaufa wolla, aber die Herra habet gmoint, i sott's besser im Keller schteha lassa. S'wär besser wega dr Arbeitsplätz und so...

Mitta im Leba

D'Jährla fliaget grad vorbei,
scho wieder isch ois rum.
Doch so isch's Leba - mach koi Gschrei
und frag net groß: "Warum?"

Ohne Haar und ohne Zäh
kommsch du auf die Welt.
S'fragt de koiner, ob dir's passt
und ob dir's do g'fällt.

Jetz bisch do, s'isch net zu ändern,
was sollsch jetz bloß macha?
Gugg um de num und du erkennsch
zwei große runde Sacha!

Die Mutterbruscht isch für a Kind
von allen Dingen s'Beschte.
Drum heb sie guat und saug und ziag
und nuggel - aber feschte!

Am Busa hängsch du, wie verzückt,
kriagsch damals scho net gnuag
und schreisch glei los, grad wie vorückt
beim 'Schoppeles-Betrug'.

Dr Mutterbruscht brutal entwöhnt
gibt's eigeweichte Weckla.
So duat mr d'Kindla landesweit
voäppla und voseckla.

Mit Kaba, Hefezopf und Soß
do werdet d'Kindla bei uns groß.
Do wird dr Bua zum Mo,
do wird des Mädele zur Frau,
dass mr nur stauna ko.

Mit lauter solche guate Sacha,
da ko mr gar nix anders macha

als essa, wachsa, pubertiera
und sich mit schmatzend, frecher Gosch
Gsälzbrot um d'Backa schmiera.

Mit Linsa, Spätzla, Bohnagmias,
do wird dr Schwabe groß.
Do wächst dr Meckel und die Fiaß
und mr fühlt sich famos.

Nebabei, oh welches Pech,
wird so a Kindle au no frech.
In dr Schual, da heißt's jetz schwitza,
über dicke Wälzer sitza.

Im Leba brauchsch vor allem Grind,
deshalb Köpfle hoch mei Kind.
Dr Wissensdurscht, der wird geschtillt
und dr Dez mit Sache g'füllt,
die mr scheint's zum Leba braucht,
bis dr Schädel qualmt und raucht.

Rechna, Lesa, Heimatkunde,
deinem Hirn schlägt jetz die Schtunde.
Die Schläue muass mr net voschtecka,
doch oft muass mr sie mühsam wecka.

Unsre Spätzles-Erbgutmasse
isch von Haus aus Spitzaklasse.
Genetisch bestens programmiert,
wird ein Schwabe nie verführt.
Lässt sich net hetza und net treiba
und duat bodaschtändig bleiba.

Was soll mr nach dr Schual bloß macha?
Berufswahl, des isch nix zum Lacha.
Die Wahl für's Leba wird getroffa,
mr darf beim ganza Schuffta hoffa,
dass mr sich dr Schpaß erhält
und oim's Schaffa richtich g'fällt.

Nach Liebe schteht oim jetz dr Sinn,
die Liebe ist der Hauptgewinn.
Hat dann jeder Schatz sei Schätzle
hat mr's glei zum Fressa gern.
Mr sagt zu seim Liebling 'Schpätzle',
du bisch doch mein Augaschtern!

Bei schönster Liebe - mit der Zeit,
gibt's ab und zua au Eheschtreit.
Du fühlsch dich gar als Sklavenseckel,
kriagsch mit am Wellholz auf dr Deckel.

Doch überschteht mr solche Schmerza,
durch leichte Schläge wird mr gscheit.
Ein jeder Schlag, der kam von Herza,
durch leichta Druck, do kommt mr weit.

Mr lernt drzua und lernt nie aus,
werkelt Tag und Nacht am Haus,
geht in sei Gschäft und nebabei
hockt mr schtändig im Voroi.

Doch wer sich wie verrückt gebärdet,
der isch schtark herzinfarktgefährdet.
Der gibt scho vor dr Zeit a Ruah,
der klemmt mit Gwalt sei Ärschle zua.

Durch Wind und Wetter geht dr Weg,
s'gibt Sonnaschei und Niederschläg.
Ab und zua dappsch voll daneba,
schtehsch mittadrin im Fettnapf 'Leba'.

Wie alles wird, des weiß mr net,
vor allem net als Kind.
Wie's Werda könnt, des sag i dir
jetz noch ganz kurz geschwind.

Mit 10, da bisch du jung und dumm,
mit 20 ebbes weiter,

mit 30 stehsch du voll im Saft,
mit 40 wird mr gscheiter.

Mit 50 hasch du's zu was bracht
und reibsch dr beide Hände.
Mit 60 isch mr schuldafrei
und freut sich auf sei Rente.

Mit 70 ko mr z'frieda sei,
mr darf sein Herbscht genießa
und lässt sich durch manch Zipperlein
sei Lacha net verdrießa.

Mit 80 kehrt die Weisheit ein,
die Krönung deines Lebens.
Net eines deiner schönen Jahre
war sinnlos und vergebens.

Und musst du dann mit 80 Jahr
noch net von hier enteila,
dann schtellt sich wahre Gnade ein,
dann darfsch du noch verweila.

*

Egal ob 20, 40, 80,
jetz weisch'd was d'wissa sottsch,
au wenn'd mit deine große Äugla
noch zweifelnd rüberglotsch.

Schwob sei heißt, lass dir des saga,
z'frieda sei, ohne zu klaga.
Alle Dinge anzunehma,
so wie sie das Leba bringt
und das Beschte draus zu macha,
was au immer an dich dringt.

Dei Lebensmelodie, sie klingt,
egal ob Dur, ob Moll.
Dei Schwobaherz schlägt mit im Takt
und es wird übervoll.

Das geheimnisvolle Innere der Wurscht

Es gibt bei uns, mr darf net klaga,
die volle Auswahl jederzeit
an Gelbwurscht, Blunsa, Schwartamaga,
an allem, was dr Gauma freut.

Es isch die Wurscht, die uns verführt,
die scho das Kloikind mag
und die, weil 'DLG' prämiert,
mr veschpert jeden Tag.

Sie schmeckt uns, gibt uns Kraft und Freud,
drum sott mr vielleicht wissa,
ob mr der Sach au traua ko,
mit ruhigem Gewissa.

„Was isch bloß drin in unsrer Wurscht?",
i will dr Metzger froga.
Doch dieser Kerle sagt's mir net,
„des dua i net vorrata!"

Das Wurschtrezept isch schtreng geheim,
das wirscht du net erfahra,
denn Wurscht zu macha isch a Kunscht,
i ko's net offenbara!"

Geheimniskrämerei um Wurscht,
des isch ja wohl dr Gipfel.
Jetz will i's wissa, jetz erscht recht,
was schteckt zwischa de Zipfel?

Heut untersuach i alle Würscht
und gugg was drinnaschteckt,

ob mr womöglich vom Genuss
net irgendwann voreckt.

Und hallo, hoppla, was isch los,
die Würscht, die sind Betrug?!
Die Wurscht hält net, was sie voschpricht,
i werd daraus net klug.

Im Bierschinka net oin Schluck Bier,
koin Käs im Leberkäs,
koi Frankfurter mit Hessa drin,
do wirsch als Kunde bös.

Zur Jagdwurscht brauchsch koin Waffaschei,
zur Schwarzwurscht koi Partei,
dr Presssack schteckt im Plaschtich drin,
die reinschte Sauerei.

Mein Metzger moint, des sei normal,
koin Grund, sich zu beschwera,
doch mir isch des no lang net Wurscht,
von was mir uns ernähra!

Die Wurscht voschteckt sich in dr Haut
und hüllt sich tief in Schweiga.
Nur ob dieselbe ehrlich ischt,
das will sie uns net zeiga.

*

Wurscht, mir mega dich so arg,
komm und enttäusch uns nicht -
ihr ewig unerforschten Würschte,
bleibt uns ein Leibgericht!

d'Holzauktio

Es schtand im Blättle: Jung und alt
soll komma in Gemeindewald!
Brennholz gäb es zum Erschteigern -
auf ihr Bürger, net voweigern!

Koi Häusle bleibt im Winter kalt
mit Scheitla vom Gemeindewald
und deshalb sei es immer richtich,
zur Walderhaltung sogar wichtich!

Denn mit Erlös aus der Aktion
werde beschtritten jener Lohn
der Weich- und Hartholz-Aufbereiter,
der Motorsäga-Forschtarbeiter.

Um die Massa anzulocka,
dass net oiner bliebe hocka,
sorgt mr sich um des Leibes-Wohl
durch den Verkauf von Alkohol.

Dr halbe Ort isch auf de Füaß,
Holzverkauf lässt koinen kalt.
Opa, Enkel, selbscht dr Hund
sauet in Gemeindewald.

Der einscht so schöne grüne Wald
liegt nach dem Schturme etwas lichte,
deshalb beginnt die Bieterei
mit 80 rauhen Metern Fichte.

Beim Flächenlos dann hinterher
meint man, das Schteigern gehe schwer,

weil schteil im Hang die Prügel liega,
wie soll mr die bloß hoimwärts kriega?

Doch wie lupfed sie sich nauf,
jeder will ein Los besitza.
Immer höher obanaus
treibt dr Preis - bis in die Schpitza.

*

Kaum oiner, der mit Holz noch heizt,
noi, Gas und Öl muass es heut sei.
Bequemlichkeit nimmt überhand,
doch hier im Wald isch mr dabei!

Heut schwitzt mr net beim 'Heizöl-schpalta',
mr isch 'zentral' verwöhnt.
Es ko bloß sei, dass ab und zua
mr über'd Ölscheich schtöhnt.

Voll Energie bietet mr mit
und braucht mr au koi Holz.
Mr schteigert mit und hat sein Schpaß,
dr Zuschlag macht oin schtolz.

So geht selbscht morsches Brennholz weg
zu ungeahnten Preisen
und hinterlässt ganz schonungslos
im Säckel Kahlschlags-Schneisen.

*

Der Bargeldrodung zweiter Teil,
der folgt nun auf die Schnelle:

Essa, Trinka isch jetz dro,
do isch mr gleich zur Schtelle.

Die Waldarbeiter ladet ei
zu Saitawurscht und Bohnabrei,
zu Leberkäs und Weckla,
zu Maultäschla und Wurschtsalat,
ko mr do d'Gosch voseckla?

Jetz wird gveschpert, gschmatzt und bechert,
was das liebe Herz begehrt.
Brennholzfreiluft-Hocketse,
du bischt keinesfalls verkehrt!

Durch Glühwei, Obschtler, guate Viertel
lockert sich so mancher Gürtel.
Dr ganze Ranza fühlt sich wohl,
koin leera Maga bleibt jetz hohl.

Die Forschtleut reibet sich die Händ,
Rekordumsatz bei Wurscht und Wei.
Koin Schtumpa, net oi Reschtle mehr,
könnt's Holzvokaufa schöner sei?

Bis zur Dämmrung wird getagt,
wird gefeiert und gelacht
und durch manches Viertele
dr Holzeikauf erscht teuer gmacht.

Kommt mr dann obends glücklich hoim
mit einem Los und einem Balla,
ischt auch dieses grad egal,
d'Hauptsach isch, es hat oim gfalla!

Feuer frei

Alle juckt's scho in de Finger,
jeden pfupfert's innadrin,
schiergar ka mr's net voheba,
wann isch Feuerwerksbeginn?

Glei isch zwölfe, jetz pressiert's,
endlich ko mr's fatza lassa.
Mit Pyrotechnik vollbepackt,
sauet alle naus auf'd Gassa.

Jetz geht's los, brauchsch nimme warta,
jetz darf mr Raketa schtarta,
darf mr schprenga, zünda, knalla -
gschossa wird, hasch au an Balla.

Am Jahresende isch soweit,
die Schprengschtoffzunft macht sich bereit.
Mr rüstet auf, grad wie von Sinna -
wer wird dr gröschte Kracher bringa?

Raketa dick gefüllt und schwer,
geeignet gar für's Militär,
schteiget pfeifend himmelwärts.
Kaum schpürt mr ihn, den heißa Schmerz,
denn vor lauter „ah" und „oh"
brennet d'Handschuh lichterloh.
Leicht angesengt sind zwei, drei Finger,
doch es kommt glei no viel schlimmer.

In der Schprengstoff-Vorratskiste
macht sich - hups - ein Fünkchen breit.
Ein verirrtes Knallerfröschle
hüft hinein und bringt uns Freud.

Ungewollte Explosiona,
Schternarega, Pulverdampf,
TNT-Detonationa,
vergeblich ischt dr kurze Kampf.

Löschversuche gehet unter
bei solcher Menge Dynamit.
Voll Panik werdet mir jetz munter
und flüchta rasch mit schnellem Schritt.

An alle Ecka knallt's und duat's,
es pfeift und brennt, es blitzt und kracht.
Raketa pfuzget waagrecht durch,
wer hat sich des bloß ausgedacht?

Weiß vor Schreck und angschterfüllt
duat mr sich in'd Deckung ducka.
Wenn mr jetz a Schnäpsle hätt,
däd mr ganz gwiss kräftich schlucka.

Dr Angschtschweiß perlt in kalte Tropfa,
ein jedes Härle schtellt sich auf.
An jeder Knaller lässt oin hopfa
und treibt dr Bluatdruck höher nauf.

Doch scho bald vogeht dr Spuk,
gar geschpenstisch wird die Schtille.
Mancher suacht noch ängschtlich scheu
die auf der Flucht verlorne Brille.

Ein letschtes 'Paff' dringt aus dem Nebel
voll Pulverdampf an unser Ohr.
Mit Huschtenreiz und rotem Auge
tritt mr aus dem Verschteck hervor.

Hier und dort glimmt noch an Kittel
vom Mega-Böller heiß erwischt.
Fein gekräuselt manche Haare,
weil ein Heuler durchgezischt.

Kokelnd liagad nur no Reschte
unsr'er teuren Zündlerei.
Leicht lädiert sind alle Gäschte,
ringsherum nur Sauerei.

„A guat's Neu's Johr" wünscht mr sich nun.
Scho wieder hört mr erschte Lacher,
doch irgendwie bleibt mr bedrückt,
geschockt durch ungezielte Kracher.

Angeschwärzte Hausfassada,
eingebrannter Autolack,
ringsherum erheblich Schada,
weil mr beim Zündla net auf Zack.

Oh elends Feuerwerksgeknalle,
jedes Johr der gleiche Scheiß,
doch s'nächschtmol knallet wieder alle,
weil mr's halt net besser weiß.

Kracher, Pfuzger und Raketle
führe mich ins neue Jahr.
Komm Vadder, Muadr, Büable, Mädle -
zündla isch doch wunderbar!

...so kloi

Mir Menscha moinet oft und gern,
mir wär'n die Gröschta auf dr Welt
und do dro zweifla duan mir net,
weil uns die Vorschtellung gefällt!

Mir sind die Schlauschte, mir sind wiaf,
habet die Wahrheit grad gepachtet,
doch hintadrin im kloina Hirn,
sind mir scho geischtig leicht umnachtet.

Ab und zua kriagt mr sei Fett
und mr sieht wie's wirklich isch.
Mr schreckt faschd hoch aus seinem Wahn
wenn's heißt: "Du bisch an kloiner Fisch!"

Du kannsch renna, raffa, schtreba,
irgendwann kommsch an oin Punkt,
wo au dei kloines bissle Leba
gnadalos wird nunderdunkt.

D'Natur, die zeigt uns was es heißt,
Macht zu b'sitza, groß zu sei
und schlägt mit voller Kraft und Wucht
in unser Menschawerk dranei.

Aus heiterm Himmel kommet Schtürme
und legat ganze Wälder flach,
schmeißat um selbscht Kirchatürme,
holat Ziegl rah vom Dach.

S'Wasser bricht die Schtaudämm durch,
nimmt alles mit, was mir erschaffa

und lässt bei dene, die gerettet
voll Trauer manche Lücke klaffa.

Selbscht dr Boda duat sich auf
und verschlingt mit heißem Schnauba
alles, was in Weg sich schtellt -
nix bleibt übrich, sell kannsch glauba.

Mir Menscha könnet bloß no schtauna,
wenn um uns alles nunderbricht,
mir moinat bloß, mir wär'n die Gröschte,
dabei sind mir bloß Leichtgewicht.

In Wahrheit sind mir winzich kloi,
wenn's recht siehsch null und nichtich,
doch Lerna duan mir nix daraus -
mir nehmet uns zu wichtich!

Aus der Reihe 'Schwobaseckel'-
Mundartbücher sind bisher erschienen:

...dr Schwobaseckel

ISBN 3-9806999-1-9

...dr Schwobaseckel

oder grad wia aus am Leba

ISBN 3-9806999-0-0

... dr Schwobaseckel

oder so geht's zua im Ländle

ISBN 3-9806999-2-7